마왕은 살아있다

마왕은 살아있다

마지막 르네상스맨 신해철

지승호 지음

인터뷰
강 헌 정아은 배순탁 전상일 한경록

들어가는 글

마왕이 남긴 유산과 남은 우리의 숙제

2024년 10월 27일은 마왕 신해철 님을 떠나보낸 지 10년째 되는 날입니다. 10년이면 강산도 변한다는데, 신해철 님을 향한 그리움과 '그가 지금 있어 줬다면' 하는 아쉬운 마음은 변함이 없는 것 같습니다. 아니, 조금씩 커가는 것 같네요.

늘 서문을 밝게 써봐야지 생각하는데, 솔직하게 쓰려다 보면 어쩔 수 없이 우울 모드가 됩니다. 한국에서 글을 써서 먹고 살 수 있는 작가는 몇 안 된다고 하죠. 재주가 짧은 제가 무모한 꿈을 꾼 죄인지, 점점 더 어려워지는 환경 속에서 지독한 좌절의 시간을 2년 동안 보냈습니다. 2002년 첫 책을 낸 이후 매년 많게는 6권의 인터뷰집을 내왔는데, 지난 2년 동안 단 한 권의 책도 내지 못하고, 슬럼프에 빠져 지냈습니다. '해철 님이나 만나러 갈까?' 하는 상상도 했던 시간이죠.

그때 목선재 윤중목 대표님이 만나자고 연락을 해왔습니다. '마왕 10주기인데, 뭔가 해야 하지 않겠냐?'고. 시간이 촉박해서 5주기 때 냈던 《아! 신해철》의 개정판을 내보자고 했었는데, 기왕 하는 거 새로운 책을 만들어 보자는데 의기투합했습니다. 그래서 신해철 님에 대해서 말씀해 주실 수 있는 분들을 섭외해 보기로 했습니다.

공적인, 또는 사적인 모습의 신해철을 말씀해 주신 다섯 분을 통해서 신해철 님을 좀 더 입체적으로 보게 된 것 같네요. 인터뷰에 응해주신 강 헌, 정아은, 배순탁, 전상일, 한경록 님에게 감사의 말씀을 드립니다.

이 책을 통해 마왕이 남긴 유산에 대해서 생각해 보고, 우리가 해야 할 숙제도 같이 생각해 보면 좋겠습니다. 그러면서 아쉬운 마음이 드는 것은 어쩔 수 없네요. 정말 같이 오랜 시간을 보냈을 멤버들, 신해철 님이 가장 사랑하는 신해철 님의 가족들을 인터뷰해서 제대로 된 신해철 님의 평전을 써내는 것이

제 인생의 궁극적인 목표 중 하나입니다. 그런 날이 꼭 왔으면 좋겠네요. 그날까지 모두 모두 건강했으면 좋겠습니다.

2024년 9월
지승호 올림

차례

들어가는 글
마왕이 남긴 유산과 남은 우리의 숙제   5

1부 | 10주기 가상 인터뷰   11
마왕과 헬조선을 논하다   12

2부 | 마왕의 최강 친구들   33
강 헌 | 평생에 걸쳐서라도 이루고 싶은, 마왕의 꿈   34
정아은 | 아이들에게 좋은 어른의 모델이 되어주어서 감사합니다   90
배순탁 | 예전에도 없었고, 앞으로도 없을 뮤지션, 신해철   100
전상일 | 해철형과 관련된 일이라면 무엇이든 하고 싶어요   130
한경록 | 부싯돌 같은 우리 형, 신해철   186

| 3부 | **마왕을 만나는 16가지 키워드** | **219** |

세대를 뛰어넘은 기나긴 생명력, 〈그대에게〉 221
'인간' 신해철의 한 조각, 〈안녕, 프란체스카〉의 대교주 228
그의 천재성에 다시 한번 놀랄 뿐이다, 〈내일은 늦으리〉 232
새로운 감수성의 지평을 연, 〈일상으로의 초대〉 236
좀 놀 줄 아는 동네 오빠, 〈고스트 스테이션〉 242
음악으로 불멸을 이룬 셈인가 249
중1 반장과 밴드 리더 255
천생 '록밴드의 리더' 260
연대하고 배려하고 칭찬할 줄 아는 사람 271
고양이 냄새가 맡아진다 277
입을 열 때면 뭔가를 보여주는 남자 279
이 사람, 많이 외로운 사람일지 모르겠다 285
옳다고 생각하는 것을 위해 작은 고집을 버리기로 했다 289
자신이 서 있는 곳이 어딘지 아는 사람 297
의사 친구 하나 있었더라면 302
그에게는 언제나 '다음'이 있었다 306

나가는 글
일찍이 우리에겐 신해철이 있었다 313

1부

10주기
가상 인터뷰

어느 가을밤 야외테이블에서 진지모드로

지승호

25년 가까이 인터뷰만 생각하고, 인터뷰 글을 써왔고, 꽤 많은 인터뷰 책을 냈습니다. 아마 조금이라도 더 유능했다면 다른 길을 찾았을지도 모르겠지만, 인터뷰 일 외에는 크게 관심이 가는 일도 없고, 워낙 무능해서 어쩔 수 없이 한 길을 파온 인터뷰 인간이라고 할 수 있습니다. 신해철 님과는 결국 인터뷰로 인연을 맺어서 인터뷰로 결론지어지는 그런 관계네요. 제 첫 인터뷰이이기도 하고, 저를 인터뷰라는 세계와 운명적으로 만나게 해준 사람이 마왕이기도 합니다. 이제 더 이상 그를 만나 인터뷰를 할 수가 없네요. 그래도 사람 살기 좋은 세상을 위한 기록을 조금이나마 더 남기려고 노력하겠습니다.

마왕과 헬조선을 논하다

올해는 마왕이 떠난 지 10년째 되는 해입니다. 이제는 다시 마왕을 인터뷰할 수 없다는 안타까운 마음에 5주기에 이어 10주기에도 가상 인터뷰를 해봤습니다. 마왕과 나누었을 법한 대화, 마왕이 했을 법한 말들을 해보려고 노력했지만, 제 상상력이 많이 부족한 것 같습니다. 마왕을 그리워하는 마음으로 한 시도이니만큼, 너그럽게 봐주셨으면 좋겠네요.

5주기 가상 인터뷰 이후 마왕은 새로 음악도 만들고, 사람들을 돕는 자원봉사도 하면서 바쁘게 지냈습니다. 5년쯤 지난 어느 날.

신해철(이하 철) 어, 승호 형 오랜만이네요. 어디 가셨었어요? 통 안 보이던데.

지승호(이하 호) 아, 예. 재벌집 막내아들로 환생해서 이승에 좀 다녀왔습니다. 어딘지 좀 송중기 씨 닮지 않았나요? (웃음)

철　아, 형이라 때릴 수도 없고. (웃음) 이제 말 놓으세요.
호　말 놓으면 말이 달아나는데. 하하하.

철　여전히 실없으시군요.
호　그리고 마왕한테 어떻게 말을 놓겠어요? (웃음)

철　그럼 편하게 하시구요. 이승에 다녀온 얘기 좀 풀어주세요.
호　아, 네. 예전에 〈머니〉라는 노래를 만드셨잖아요.

사람보다도 위에 있고 종교보다도 강하다
겉으로는 다 아니라고 말을 하지만
약한 자는 밟아버린다 강한 자에겐 편하다
경배하라 그 이름은 돈 돈 돈 돈

가진 자, 못 가진 자
모두 다 조금이라도 더 가지려고 발버둥 치니
Money가 도대체 뭐니
그게 뭔데 이리 생사람을 잡니
사람을 들었다 놓았다 쥐었다 하는 건

> 돈이 사람보다 위에 있는 거니
> 인격도 신분도 품위도 지식도
> 이젠 돈만이 결정하고 말해주는 거니
> 〈Money〉 중

철 그랬었죠. 돈보다는 사람을 아꼈으면 하는 염원에서 만든 노래인데, 지금 상황이 더 심해졌나요?

호 네. 겉으로는 다 아니라고 말은 하지만요. (웃음) 아파트 평수에 따라 계급을 나누기도 하고, 자신들의 아파트 놀이터에 다른 평수에 사는 아이들이 놀러 오지 못하게 하는 곳도 있었습니다. 가진 자, 못 가진 자 모두 더 가지려고 발버둥 치고, 돈 때문에 돌아버리고, 자살을 하게 되는 경우도 많아졌습니다. 사회적 타살이라고 볼 수도 있겠죠. 정말 인격도 신분도 품위도 지식도 오직 돈만이 결정하고 말해주는 세상이 된 것 같습니다.

철 안타깝네요. 그런 세상을 되돌이키길 바랬건만….

호 돈 때문에 보험 살인을 하는 경우도 종종 있습니다. 그리고 인간관계를 끊을 때는 '손절'이라고 하죠. 뭐 이게 손으

로 절을 하는 것도 아니고. (웃음)

철 로우 개그는 그만하시죠. (웃음)
호 아, 고양이가 추르를 끊는 것보다 힘드네요. (웃음) 아무튼 인간관계조차 이익과 손해의 개념으로 접근하는 세상이 된 것 같습니다. 예전에는 '의를 끊는다'는 '의절', '교류를 끊는다'는 의미의 '절교', '연을 끊는다'는 의미의 '절연' 등이 사용되었는데요. 지금은 인간관계도 '더 이상 손해를 방지하기 위해 끊는다'는 차원이 된 것 같습니다. 물론 말 한마디로 호들갑을 떤다고 할지 모르겠지만, 언어는 세상을 반영하는 거울이기도 하고, 무의식을 드러내는 수단이 될 수도 있으니까요.

철 그러면 약한 사람을 보호하려는 마음들은 없어진 건가요?
호 만인에 의한 만인의 투쟁이 벌어지는 세상 같습니다. 예술가들이나 노동자들이 자신의 처지를 호소하면 이런 댓글이 쭉 달립니다. 누칼협이라는.

철 누칼협이요?
호 누가 칼 들고 협박했냐는 거죠. 지가 좋아서 하는 일을 가지고 왜 징징거리냐는 뜻도 있고, 능력이 없어서 그런 일을 하면 찍소리하지 말라는 함의를 포함하고 있죠. 슬프게도요.

> 남들이 뭐래도 네가 믿는 것들을
> 포기하려 하거나 움츠러들지 마
> 힘이 들 땐
> 절대 뒤를 돌아보지 마
> 앞만 보며 날아가야 해
> 너의 꿈을 비웃는 자를 애써 상대하지 마
> 〈해에게서 소년에게〉 중

철 제가 예전에 노래했던 대로 너의 꿈을 비웃는 자는 애써 상대하지 말아야죠. 정말 서로가 서로를 찌르는 세상이 되어버린 것 같습니다. 어쩌면 공동체의 붕괴 때문인 것 같기도 하구요. 반상의 차별이 있었던 조선시대조차도 양반들은 흉년이 오면 곳간을 열어 쌀을 베풀었는데요. 같은 공간에서 살기 때문에 두려운 마음도 있었겠지만, 어려운 사람을 긍휼히 여기는 마음이 우리 선조들에게는 있었는데요.

호 그런 마음조차 급격히 없어지는 것 같습니다. 미국의 베벌리 힐스나 남미처럼 철조망을 치고 무장 경호원들이 경비를 서고 있지 않을 뿐, 외부 사람들이 접근하지 못하는 주거 공간들이 속속 생기고 있으니까요.

철 그건 정말 심각한 문제인데요. 슈퍼스타였던 저도 팬들과 인간 대 인간으로 어울려 술을 마시곤 했었는데. (웃음)
호 돌아오셨군요. 그런 귀여운 허세가 그리웠습니다. (웃음)

철 그나저나 경제적으로는 더 나아졌을지는 몰라도 사람 사는 세상으로서는 더 퇴보한 것 같기도 하네요. 〈오징어 게임〉에서 "이러다 다 죽어" 하는 대사가 생각납니다.
호 앗, 오징어 게임도 보셨나요?

철 에이, 여기도 사람 사는 덴데. 다 볼 수 있어요. 조금 늦게 볼 수 있어서 그렇지. 그나저나 〈오징어 게임 2〉는 언제 오픈되나요?
호 2024년 크리스마스 때로 알고 있습니다.

철 물 한 잔 마시고 얘기할까요? (잠시 휴식)

호 그리고 미국 같은 경우는 심리적 내전 상태라고 볼 수 있습니다. 한국도 다를 바가 없구요. 자기와 의견이 다른 사람에 대한 적개심은 점점 커져갑니다.
철 그것도 공동체의 붕괴 탓이 크겠네요. 가족도 해체되었구요. 공동체의 회복이 절실한 것 같습니다.

호 공동체를 회복하기 위해서는 어떤 마음을 가져야 할까요?
철 서로를 인정하는 마음이 필요한 것 같습니다. 리영희 선생님은 일찍이 '새는 좌우의 날개로 난다'고 하셨는데요. 버나드 쇼는 '낙천주의자와 염세주의자는 모두가 사회에 기여를 한다. 낙천주의자는 비행기를 발명하고, 염세주의자는 낙하산을 발명한다'고 했습니다. 각자의 역할을 인정한다면, 서로 존중할 수가 있겠지요. 이것은 '좋은 게 좋은 거'라는 식의 이야기도 아니고, 우리를 억압하는 자들을 용서하자는 말도 아닙니다. 다만 생각이 다른 선량한 사람들을 인정하고, 서로 설득해 나가면 세상이 좀 더 나아질 거라는 얘기인 거죠.

호 그렇겠네요. 내가 못 하는 일을 상대방이 할 수도 있다고 생각한다면 상대를 존중해 줄 수 있겠죠. 가령 이사를 할 때 내가 저 사람을 돈으로 부리니 갑질을 하는 것이 당연하다고 생각할 것이 아니라, 내가 감히 들 생각도 못 하는 냉장고를 번쩍 들어 옮겨주시는 저분이 있어서 내가 이사를 할 수 있다고 생각을 하거나, 식당에서 일하는 분 때문에 내 배고픔을 해결할 수 있다고 생각하면 세상이 좀 더 평화로워질 수도 있을 것 같습니다.

철 그렇게 고결한(?) 마음까지는 아니더라도 상대에 대해 감사함을 느끼면 자신의 마음이 우선 평안해지겠지요.

호 그리고 요즘은 너무 쉽게 사람을 단정 짓고, 한 사람을 쉽게 매도해서 인생을 망가뜨리는 경향이 있습니다. '모든 성인에게는 과거가 있고, 모든 죄인에게는 미래가 있다'는 천주교 격언처럼 과거에 죄가 있는 사람이 성인이 될 수도 있고, 죄인이 죄를 씻고 더 나은 미래를 만들 수도 있을 텐데 말입니다. 특히 연예인들에게 더 가혹한 잣대를 들이대는 경향들이 있구요.

철 명언충이시네요. (웃음)

호 너무 심한 말 아닌가요? (웃음)

철 저는 오스카 와일드의 말로 응수하겠습니다. '낙천주의자가 도넛을 볼 때 염세주의자는 구멍을 본다'. 부처님 눈에는 부처가 보이고, 돼지의 눈에는 돼지가 보이는 법이겠죠. 오스카 와일드의 말을 하나 더 인용할게요. '시대를 움직이는 것은 다양한 개성들이다'. 우리 사회는 여전히 획일화된 면이 있는 것 같습니다. 제가 〈아! 개한민국〉이라는 노래 중에서 '연예인이나 본보기로 삼아 한 놈을 죽여 광장에 매달 때'라고 표현했는데요. 제가 늘 말하지만, 국가의 녹을 먹지도 않는 연예인들에게 왜 공인의 잣대를 들이대는지 모르겠어요.

호 그렇죠. 정치인들의 경우 더한 짓을 해도 '정치적 음모다'라고 하면 자기편들이 옹호해 줘서 괜찮은데, 연예인들은 훨씬 취약하죠. 얼마 전 이선균이라는 훌륭한 배우를 잃기도 했구요.

철 그러게 말입니다. 아이돌이 연애를 한다고 왜 사과를 해야 하나요?

그 어떤 모습의 세상이건
내 손에 쥐어야만 가치 있고
남의 손안에 넘어가느니
차라리 모두 부숴 버리겠다
〈The Power〉 중

호 지금 권력을 가진 사람들을 보면 답답하기 그지없습니다. 친일파가 아니라 거의 왜뽕에 가까운 뉴라이트들이 득세를 하고 있구요. 아까 버나드 쇼의 말을 인용하셨으니까, 저도 하나 인용하겠습니다. '권력은 인간을 타락시키지 않는다. 그러나 어리석은 자들이 힘을 갖게 되면 권력을 타락시킨다'. 그 말대로 권력 자체를 탓할 수는 없을 것 같고, 어리석은 자들이 힘을 갖게 되어서 권력을 타락시키는 것이 문제인 것 같습니다.

철 저도 예전에 비슷한 말을 했습니다. 권위가 문제가 아니다. 좋은 권위도 있을 수 있다. 그래서 문화의 힘이 중요한 것 같습니다. 명언 배틀 같은데요. (웃음) 버나드 쇼의 말을 다시 한번 인용해 보겠습니다. '당신과 내가 사과 한 개씩 가지고 있는데 그것들을 맞바꾸어도 우리에게는 여전히 각각 한 개씩의 사과가 있다. 반면 당신과 내가 각각 하나의 아이디어를 가지고 있는데 그것들을 맞바꾸면 우리는 각각 두 개의 아이디어를 가지게 된다'. 강헌 형이 문화 공구리 사업이라는 표현을 했는데요. 그 공구리 마인드로는 기껏해야 제로섬이 될 수밖에 없습니다. 그러나 문화는 서로 교류하면서 무한대로 확장이 될 수가 있죠.

호 저도 질 수 없네요. 버나드 쇼의 이 말이 기억납니다. '추하고 불행한 세상에서는 세계 제일의 갑부일지라도 추한 것과 불행만 살 수 있을 뿐이다'. 세상을 아름답게 만들어야 자신들에게도 이익이 올 수 있는 거죠.
철 버나드 쇼는 그만합시다. 사람들이 쇼하고 있네, 할 것 같아요. (웃음)

호 이번에 크라잉넛 경록 님 만났습니다.
철 매력 있고, 귀여운 친구죠. 저에 대해 뭐라고 하던가요?

호 부싯돌 같은 형이라고 하더라구요.
철 부싯돌이요? 왜요?

호 부싯돌은 자기 몸을 부딪쳐서 불을 만들어 내기도 하고 사람들에게 불빛을 통해 어떤 위치를 알리기도 하고, 등불이 되기도 하잖아요.
철 어쩐지 따갑더라고. (웃음)

호 그리고 레오나르도 다빈치 같은 형이라고도 했고, 강헌 선생님은 해철 님을 '마지막 르네상스 맨'이라고 말씀하셨죠?
철 제가 그룹 르네상스의 음악도 좋아하긴 합니다. (웃음)

호 그만큼 인문주의자에다 다재다능하고 관심의 영역이 다양했다는 얘기일 텐데요.
철 팔방미인이 밥 굶는다고 하잖아요. 그래서 돈은 많이 못 모았던 것 같습니다.

호 쑥스러워서인지 자꾸 얘기를 돌리시는데요. (웃음) 해철 님이 개인적으로 화를 내는 모습을 잘 보진 못했는데, 사람을 사람으로 보지 않는 어떤 행동에는 격분하곤 하셨습니다.
철 그렇죠. 사람을 사람으로 안 보려는 자를 사람이라고 볼 수 있을까요?

호 참, 그리고 이번에 전상일 시각공작소 전상일 님도 만나 뵈었어요.
철 같이 산 적도 있을 정도로 친한 친구였는데, 요즘 어떻게 지내나요?

호 건강에 좀 문제가 생기신 것 같아요.
철 그 친구 건강해야 하는데… 돈도 많이 주지 못했고, 빠듯한 시간이 필요한 작업을 많이 맡기기도 해서 미안하기도 하고, 고맙기도 했었는데요. 그 친구가 없었다면 아마도 넥스트의 작업을 그렇게 강력하게 인식시키기 쉽지 않았을 것 같네요.

살아남는 게 목적인 세대는 갔다
어떻게 사느냐가 문제인 시대가 왔다
좌익 우익 중도 이데올로기는
쓰레기통에 갔다
불안한 사람들은 새로운 적을 찾아 헤맨다
〈The Age Of No God〉 중

호 '불안한 사람들은 새로운 적을 찾아 헤맨다'고 했던 1990년대의 통찰 역시 앞서간 혜안이었다는 생각이 듭니다. 이데올로기가 쓰레기통으로 가면서 새로운 삶의 가치를 찾아야 했는데, 찾지 못했던 것 같아요. 그러니 쓰레기통에 처박혔던 이데올로기를 다시 꺼내 휘두르면서 사람들을 협박하는 자들이 세상을 지배하고 있습니다. 1990년대가 변혁을 위한 에너지가 용광로처럼 끓던 시절이라면 지금은 보수 반동의 시대라고 할까요? 이건 자신을 진보라고 말하는 사람들에게서조차 나타나는 현상입니다. 바야흐로 불신과 혐오의 시대죠.

철 개인화되고 파편화된 사회의 결과인 듯합니다. 사회적 의미로서의 걷기 운동을 주창해 보면 어떨까요? 인류는 직립보행을 하면서 손이 자유로워졌다고 합니다. 그리고 보다 살기 좋은 곳을 찾아서 걸어서 이동을 했죠. 그리고 함께 행진을 하면서 자신들의 요구를 관철해 오기도 했습니다. 우리는 달리기나 걷기도 개인의 관리 차원에서 바라봅니다. 물론 잘 걷지도 않죠. 사회적인 걷기를 통해 연대 의식을 고취하고, 주위 사람들을 조금 더 둘러보면 어떨까요?

호 개인의 건강 차원에서도 걷는 것이 좋다고 하는데, 사회적으로도 의미가 있는 것이었네요. 의학의 아버지 히포크라테스 역시 '걷기는 가장 좋은 약이다'라고 하기도 했죠.

철 그런데 저는 키 높이 구두를 신고 오래 걷는 것이 힘들긴 하네요. (웃음)

호 건강 이야기가 나왔으니까 말인데요. 해철 님의 마지막 앨범 마지막 곡 〈단 하나의 약속〉은 '다른 것 다 필요 없으니 건강해 달라'는 메시지를 전한 곡이구요. 〈아주 오랜 후에야〉 〈먼 훗날 언젠가〉 〈50년 후의 내 모습〉 등 자신의 미래에 대한 전망과 고민을 담은 곡들이 많았는데요. 그 미래를 보지 못하신 것이 좀 아이러니하게 느껴지기도 합니다.

철 그러게 말입니다. 가족도 꾸리고 사랑하는 아내와 아이들과 함께 가장 행복하던 시점에서 생긴 불행이어서요. 어쩌면 그 노래가 마지막 곡이 되었던 것도 어떤 운명의 작용이 아닌가 싶기도 합니다. 모쪼록 제 가족들과 멤버들, 팬들 모두 모두 건강하셨으면 좋겠네요.

> 지금껏 쌓아온 게 모두 사라진 것 같아도
> 괜찮아요 금세 다시 일어날 거예요

모든 것이 끝났다고 생각하지 말아요.
그 누구도 내일 일을 알 수 없어요
저 고독의 거리에 던져진 채
갈 곳 없는 텅 빈 마음으로
홀로 선 그대
혼자 모든 걸 짊어지려 하지 말아요
⟨It's Alright⟩ 중

호 해철 님은 힘든 청춘들을 위로하는 노래들을 많이 만들어 주셨죠. 그리고 영웅에 관한 이야기도 많이 나옵니다. 아마도 서로가 서로에게 영웅이 되어 주어야 한다는 말씀이 었던 것 같아요. 제가 철학자 강신주 선생님과도 긴 인터뷰를 해서 책을 두 번 냈는데요. 감동적이었던 부분이, 블랑크, 랭보, 마르크스, 보그다노프, 로자 룩셈부르크, 코르슈, 그람시, 신채호, 조지 오웰, 벤야민, 브레히트, 신동엽, 존 바에즈, 김수영, 체 게바라, 김민기, 켄 로치, 이창동, 다르위시, 김선우, 그리고 파리코뮌의 전사들, 우금치의 우리 농민들, 스파르타쿠스 동맹의 동지들, 크론시타트 소비에트의 전사들, 스페인 민병대 친구들, 체 게바라와 함께했

|철| 던 라틴아메리카 전우들 등등, 이 사람들을 언급하면서 패밀리라고 칭합니다. 이 패밀리를 생각하면 '자유를 위한 외로운 투쟁'이 더 이상 외롭지도 않고, 절망스럽지도 않다는 거죠. 해철 님 노래의 주제도 이와 같다는 생각이 듭니다.

|철| 듣고 보니 제 생각과 다르지 않네요. 체 게바라는 제 마음속 영웅 중 한 명이구요. 〈고스트 스테이션〉 등을 진행한 이유도 그것입니다. 함께하면 외롭지 않고, 뭔가 이룰 수 있을 것 같아서요. 제가 《우리들의 세상 Part 3》에서 노래한 것처럼 '어디 있든 무엇을 하던 이것 하나만은 절대 잊지 마. 우리가 꿈꿨던 세상은 결국 올 거란 걸' 명심했으면 좋겠습니다. 그러기 위해서 우리는 유머가 필요하다고 생각해요. 어찌 됐든지 웃고 즐겁게 사는 거. 우리를 억압하는 사람들보다 더 많이 웃고 즐겁게 사는 거.

세상의 모든 사람들은 자신의 영웅을 맘에 갖고 있어
유치하다고 말하는 건 더 이상의 꿈이 없어졌기 때문이야
(중략)
세상에 속한 모든 일은 너 자신을 믿는 데서 시작하는 거야
남과 나를 비교하는 것은 완전히 바보 같은 일일 뿐이야

> 그대 현실 앞에 한없이 작아질 때
> 마음 깊은 곳에 숨어 있는 영웅을 만나요
> 무릎을 꿇느니 죽음을 택했던 그들
> 언제나 당신 안의 깊은 곳에 그 영웅들이 잠들어 있어요
> 그대를 지키며 그대를 믿으며
> 〈The Hero〉 중

호　사실 살다 보면 가족들에게도 말할 수 없는 고민이 있잖아요. 오히려 가깝기 때문에 할 수 없는 말들이 있죠. 살면서 그럴 때 외로웠습니다. 어쩌면 제 마음속의 영웅인 해철 님이라면 듣고 위로를 해줬을 텐데, 하고요.

철　아이고. 또 우시네. 이제 자주 만나 이야기하면 되잖아요. 그러면 되는 거죠.

호　아 그러네요. 한결 마음이 편해집니다. 우리 이제 자주 이야기를 나눠요.

　이 모든 이야기들을 해철 님을 사랑하는 사람들과 함께 나누고 싶습니다. 사랑합니다. 건강하세요.

2부

마왕의
최강 친구들

강 헌
정아은
배순탁
전상일
한경록

철공소닷컴에서 지승호 작가와 함께

강 헌

강헌은 최고의 음악 평론가 중 한 명이다. 어쩌면 가족보다 더 신해철을 잘 안다고 할 수 있을 정도로 신해철과 많은 작업을 같이 했고, 인생의 주요한 국면에서 함께 했다. 《정글 스토리》의 제작자로서 그 영화의 OST를 이끌어냈고, 노무현 대통령의 지지 연설 방송을 하게 만들었고, 신해철로 하여금 《노동의 새벽》 20주년 헌정음반을 만들게 하기도 했다. 그 외에도 함께 했던 일과 대화는 이루 말할 수 없이 많다. 2014년 그들은 함께 뮤지컬을 만들어 보자고 의기투합했으나, 결국 그 꿈은 이루어지지 않았다. 하지만 강헌은 죽을 때까지 신해철의 꿈을 이루어 주기 위해서 노력할 것으로 믿는다.

평생에 걸쳐서라도 이루고 싶은, 마왕의 꿈

최고의 음악 평론가이기도 하면서 신해철 님과는 친구이자 음악 동료 같은 사이로 지내셨던 분이 강헌 선생님입니다. 가족들과 멤버들 빼고 인간 신해철에 대해서 가장 잘 아는 분이라고 생각되구요. 그 결과물이 돌베개 출판사에서 나온 현존하는 유일한 신해철 평전인 《신해철》이구요. 10주기를 맞아 회고하는 과정을 통해 "아, 해철이랑 정말 많은 일을 같이했구나"라고 말씀하셨는데, 독자분들도 이 인터뷰를 읽다 보면 고개를 끄덕끄덕하실 것 같습니다. 건강 문제로 술을 마시지 못하게 된 두 분은 페트병 콜라를 놓고 마시면서 밤새 음악 얘기, 세상 돌아가는 이야기를 했다고 합니다. 두 분 모두 어떤 일을 모의하는데 최고의 재미를 느끼시는 분들이라 죽이 맞았을 것 같네요. 같이 만들기로 했던 뮤지컬은 해철 님이 돌아가시면서 무산되었습니다. 그렇게 무산된 일이 하나둘은 아니겠지요. 그때 나눴던 얘기들 중에서 실현 가능한 것들을 실현하기 위해서 강헌 선생님은 노력 중이라고 합니다. 혼자서는 힘에 부치는 일도 많을 것입니다. 강헌 선생님의 얘기를 듣고 같이 머리를 맞대고 마왕의 꿈을 이뤄가기 위해 노력해야겠다는 생각이 들었습니다.

지승호(이하 지) 한국 최고의 음악 평론가이기도 하시며, 신해철 님에 관해서는 가장 잘 아시고, 친구이자 음악 동료이자 형제 같은 사이셨잖아요. 그래서 10주기를 맞아 해철 님에 관해서 어떤 생각을 갖고 계시는지 여쭤보려고 왔습니다. 안녕하십니까?

강 헌(이하 강) 안녕하십니까?

지 건강은 어떠신지요?
강 숨만 쉬고 있습니다. (웃음)

지 어떤 일을 하나요? 여기서는.
강 제 작업실이고, 유튜브나 제 온라인 강연을 촬영하기도 하구요. 상담도 하고, 여러 가지 일을 하고 있습니다.

지 재주가 많으시니까. 《신해철》(돌베개) 책에도 쓰셨지만, 마왕이 의욕적으로 활동을 하려고 할 때 대화를 많이 나누셨는데요.

강 같은 동네에 살아가지고, 그래서 기억에 더 오래 남게 되고, 가슴도 더 많이 아프고 그런 것 같습니다.

지 2014년 마왕이 아플 때, 그때 마침 선생님도 아프셨잖아요. 아프실 때 신해철 님 연락을 받고.

강 노무현 대통령 서거 이후로 거의 5년 만에 의욕적으로 활동을 재개했을 땐데요. 갑자기 없던 스케줄이 많이 생겨서요. 문병을 이틀 뒤에 오겠다고 해서 병원에서 보자고 했었는데요. 제가 퇴원하기 전날에 오기로 했는데, 연락도 없고 안 왔어요. 그래서 '바쁜가 보다' 생각했죠. 오전에 퇴원을 해서 집으로 딱 들어와서 아침 11시쯤인데, 오랫동안 집을 비우고 있다가 집에 들어오면 제일 먼저 하는 일이 컴퓨터부터 켜는 거잖아요. 입원했을 때는 못 하니까.

지 뭐가 왔나 확인도 해야 하고.

강 딱 켰는데 첫 화면에 속보로 신해철 위독이 뜨는 거예요. 바로 얼마 전에 통화했는데. '이게 무슨 상황이지?' 정말 황망했던 기억이 다시 납니다. 벌써 거의 10년이 됐네요.

지 4월에 세월호 뉴스를 황망하게 접하고, 10월에 마왕의 소식을 접하게 됐었는데요. 앨범도 내시고 하던 상황에서 믿을 수 없게 돌아가시는 바람에.

강 청천벽력이라는 말이 이럴 때 쓰라고 있는 것 같습니다. 마른하늘에 날벼락 같은 거죠. 담배를 안 피울 수가 없네요.

지 선생님이 제안을 해서 뮤지컬을 준비하기도 하셨잖아요.
강 해철 군이 은둔하고 있던 2014년 1월로 기억하는데, 밤새같이 수다를 떨다가 본격적으로 다시 한번 구두끈을 졸라매고 새로 시작하려고 한다면서 자기가 준비했던 곡의 데모들을 두어 곡 들려줬어요. 〈A.DD.A〉의 초기 버전도 있었고. "형도 생각 좀 해봐"라고 하길래 "니가 더 이상 아이돌 스타도 아니고, 고참이고 베테랑인데, 요즘 같은 시기, K-POP 아이돌의 시대에 그냥 앨범 내고 공연한다고 주목받기는 쉽지 않을 것 같고, 뭔가 너의 권위와 긴 역사에 맞는 작업이 같이 진행되었으면 좋겠다"고 제안을 했어요. 그 시점에서 7, 8년 전인가 9년 전쯤에 로열 필하모닉이랑 협연한 적도 있었잖아요. 사실 큰 주목을 못 받았어요. 앨범도 못 나왔고. 그건 한 번 했으니까, 록밴드와 오케스트라가 협연하는 것이 세계적 유행이었는데, 안 먹혔으니까. 그때 한국에 뮤지컬 붐이 일었어요. 너는 곡도 되게 많고,

그걸 갖다가 주크박스 뮤지컬이라고 하는데, 기존에 있는 곡을 그대로 쓰면서 드라마타이즈 하는 것, 이게 사실은 오리지널 창작보다 더 어려워요. 가사를 바꿀 수가 없으니까요.

지 기존에 있는 가사에 상황을 입혀야 하니까요.

강 캐릭터도 넣어야 하고 하니까요. 조용필 선생 같은 분도 자기 노래로 뮤지컬을 만들려고 20년 전부터 생각하셨어요. 그런데 아직까지 안 나왔잖아요. 그러려면 맘마미아의 아바처럼 곡도 많아야 하고, 유명한 곡도 많아야 하고, 뮤지컬에 적합해야 하고, 다양한 상황과 다양한 캐릭터가 기존에 발표한 곡 안에 들어있어야 하구요. 사실 우리나라의 노래 가사는 천편일률적이어서 굉장히 불리한데요. 사랑 이야기 말고는 찾기 힘들었으니까요. 뭔지는 몰라도 그런 점에서는 신해철 니 노래가 우리나라의 대중음악가들 중에서는 뮤지컬로 리메이크하기 제일 유리하다, 철학적이고, 사회적 시선도 있고, 무엇보다도 자아와 주체, 그런 개념에 대한 일종의 성장 드라마 같은 요소들도 있고 하니까요. 어떻게 스토리텔링을 해야 할지, 어떤 캐릭터를 만들지, 어떻게 할지 나도 잘 모르겠는데, 그것을 너의 컴백 때

하면 어떻겠냐고 했어요. 너무너무 좋다는 거예요. 그때 해철이한테는 계획이 많이 있었어요. 늘 계획이 많았지만. 파 이스트 샤먼 오케스트라, 동양음악과 서양음악과 전자음악, 이 세 가지를 한자리에 모은 그런 어떤 실험적인 음악을 하는 오케스트라도 만들고 그렇게 해서, 국악 쪽에 유명한 음악을 하는 원일 씨하고도 계약을 했었고, 그러려면 자기가 오케스트라를 지휘할 수 있는 지휘를 공부해야 한다고 해서 "지휘자는 내가 섭외해 줄게" 하여튼 그런 식으로 해서 뭐가 우당탕탕하던 상황이었죠. 제일 재밌는 것이 여행 가는 것 보다 여행 가기 전에 계획 세울 때가 재밌는 것처럼. 분당에 있는 자기 작업실이랑 수지의 저희 집이랑 왔다 갔다 하면서 1월달부터 여름까지 싱글 발표, EP 앨범으로 나왔죠. 그때까지만 하더라도 본격적으로 방송도 출연하고, 그러다가 각자 아프기도 하고 해서 만사휴의가 됐죠.

지 아바의 맘마미아가 히트를 해서 쉽게 생각해서 그렇지, 사실은 어마어마하게 밴드가 많은데 기억나는 뮤지컬이 그렇게 없다는 자체가 그 가수들의 노래만 가지고 뮤지컬을 만든다는 자체가 굉장히 어렵다는 거잖아요.

강 퀸의 노래만 가지고 뮤지컬이 나온 적이 있는데요. 매킨토시 사장이 만든 아바의 맘마미아 말고는 주크박스 뮤지컬 중에서 아직까지 무대에 올라서 공연되는 경우가 거의 없죠. 사실은 어려운 일이고, 국내에서도 그런 시도들이 없었던 것은 아닌데요. 좀 마이너한 규모의, 특히 한 명의 가수의 노래만 가지고 하는 경우는 더욱더 힘들죠. 이것저것 히트곡을 섞어서 만든 〈달고나〉 같은 소극장 뮤지컬은 한 명의 뮤지션의 곡을 가지고 한 것은 아니구요. 여러 다양한 80년대의 히트곡들을 가지고 한 것이고요. 일종의 컴필레이션 한 뮤지컬이죠. 저희가 기획하던 뮤지컬은 어디에 올라가지 못한 채 미완으로 끝나게 됐죠.

지 한류라고 해서 한국 음악도 그렇고 영화도 많이 발전하고 있지만, 신해철이라는 부류의 캐릭터가 지금도 대체 불가하다 보니까요. 지금 상황에서 이럴 때 신해철이라는 캐릭터가 그립다, 이런 생각이 들 때도 있으실 텐데요.

강 많죠. 많은 사람들이 동의할 수도 있고 많은 사람들한테 잊혀가기도 하는데요. 그 시대는 너무 많이 지났으니까 그렇겠지만, 사실은 그거 하나만큼은 확실한 것 같아요. 100년 한국의 대중음악사에서 정말 대체 불가한 그런 캐릭터,

그리고 어떤 방대한 디스코그래피, 그리고 어떤 작품도 작품이지만, 한 사람의 뮤지션으로서 정말 독특한 지위를 가진 그냥 단순한 스타나 가수가 아니었죠, 신해철은. 어떤 의미에서 한 시대를 대표했다고 할 수는 없지만 한 시대를 대변했고, 그리고 그 시대에 많은 어떤 표정들을 자신의 삶과 음악에 투영시켰고, 새롭게 창조해 냈고, 이런 면에 있어서는 정말 한국 대중음악사에 있어서 여전히 최전선에 서 있는, 그런 대체 불가한 아티스트다, 이렇게 저는 생각하고 있구요. 이건, 그의 열광적인 팬이 아닌 사람도 동의할 수 있는 부분이 아닌가 하는 생각을 합니다.

지 최근에 촛불집회라든지 이런 집회에 서는 뮤지션들도 많지만, 신해철이라는 캐릭터를 대체할 만한 아우라를 가진 가수가 쉽지 않지 않습니까? 열심히 무대에 서서 감사한 분들도 많지만, 그분들이 신해철이라는 존재를 완전히 대체하지는 못한다는 생각이 들어서요.

강 우리는 아직도 배우나 가수들을 일종의 엔터테이너 이상으로 보지 않는 경향이 있는데요. 반봉건적인 사고체계에서 대한민국 사회가 완벽히 자유롭지 않습니다. 그런 상황에서 이른바 딴따라 이전에 한 사람의 각성한 시민으로서 자신의 정치적인 소신과 그리고 타자에 대한 어떤 애정을 사회적으로 표현하고 그 영향력을 행사할 수 있다는 것은 빌보드 차트에 오르는 곡을 발표하는 것만큼이나 쉽지 않은 일이죠.

지 얘기가 많이 무거워졌는데요. 선생님이 주기적으로 해철님이 살아계실 때 콜라 페트병을 하나 놓고 밤새 음악 얘기뿐만 아니라 세상 돌아가는 얘기를 많이 하셨다고 들었는데요. 어떤 얘기들을 하셨나요? (웃음) 두 분 다 진지하면서도 개구진 상상력을 가지셔서 뻗어나가다 보니까 뮤지컬 얘기도 나왔을 텐데요.

강 허약한 몸 때문에 둘 다 술을 못 먹게 됐으니까요. 작업실에서 콜라 페트병 두 병을 놓고 밤새도록 콜라만 마시면서 온갖 얘기들을 하는 거죠. 주로 이제, 몽상과 망상에 관한 건데요. "이런 거 하면 죽이지 않을까?" (웃음) "형, 혹시 이런 쪽 잘 아는 사람 있어요?" 이런 거. 자기가 최근에 읽은 책에서 얻은 영감, 책은 워낙 많이 읽었으니까요. 다독가고, 저보다 더 많은 범위의 책을 읽으니까 들어서 배우는 것이 많았죠. 딴 데 가서 써먹어야지, 하고. (웃음) 그렇게 밤새도록 얘기한 것들은 아무래도 둘 다 뭐라고 할까, 비숱한 감수성들을 가지고 있으니까, 이때의 시점에서 혹은 미래의 시점에서 뭘 하고 있어야 할까, 예술에 관해서 어떤 것들을 성취할 것인가, 어차피 아주 젊을 때에 해철이가 말했던 것처럼 자기는 환갑이 되어서도 백발이 성성한 머리로 무대에서 밴드들과 연주를 하는 그런 모습을 보이고 싶다고 얘기를 했으니까요. 이른바 소녀팬들의 인기를 먹고 사는 그런 아이돌은 아니잖아요. 한 사람이 점점 시간과 함께 성숙해 가는, 성숙하게 발효되어 가는 그런 어떤 완성된 예술가로서의 모습을 보여줄 수 있는 그런 모습은 어떤 것이 있을까, 이런 얘기들을 많이 했던 것 같습니다. 사실은 그때만 하더라도 자각하지 못했는데, 해철이가 떠나간 후에 해철이에 관한 추모 책을 쓰면서 보니까 데뷔한 90년대부터 떠나기 전까지 같이 했던 일이 너무 많더라구요. 실제로 같이 한 일들이. 그래서 이런 것들을 이렇게 다 했나, 이런 생각이 들 정도로.

지 책에도 쓰셨지만, 굵직한 것만 해도 《정글 스토리》 영화 음악도 선생님이 제안을 하셨고.

강 그것이 아니었으면 명작들이 탄생할 수 없었겠죠. 영화는 망했지만. (웃음) 그때 생각하면 아직도 짜릿해요. 그때가 사실은 창작자로서, 퍼포머로서의 신해철이 가장 최강의 파워를 보일 때였기 때문에요. 정말 숨 쉴 틈 없이 뿜어져 나오는 그런 창의력들이 짧은 시간 안에 너무나 정말 많이 이루어졌죠. 영화를 거기에 부응하는 수준으로 제작을 못 해서 제가 창피했는데요. 영화는 망했지만, OST는 전설로 남게 된 저주받은 걸작이 되었죠. (웃음) 소름이 끼칠 만큼, 해철이 말고도 이런 훌륭한 친구들이 다 투입이 되어가지고 이 트랙 하나하나씩을 만들었구나 하고 생각하면, 스릴이 쫙 넘치죠.

지 김수철 님도 그렇지만, 돈이 들어오는 부분을 음악적으로 투자를 많이 했잖아요. 저예산 영화다 보니까 돈을 많이 못 줬을 텐데요.

강 그렇죠. 음악 감독으로서 3천만 원인가 준 것 같아요. 사실은 거의 날로 한 거죠. 왜냐하면 녹음비 이런 것이 다 포함되어 있으니까요. 개런티 같은 개념이 아닌 거죠. 실제로, 물론 나중에 음반이 팔려서 인세는 받았겠지만, 제가 볼 때 받은 돈의 몇 배는 썼을 것 같아요.

지 박노해 시인의《노동의 새벽》20주기 기념 음반도 있었죠.

강 박노해 시인이 아니라《노동의 새벽》시집에 대한 기념 음반이었는데요. 제가 그 시집이 나올 때 국문과의 문학도였기 때문에요. 80년대에 있어서 잊을 수 없는 그런 거라서요. 그 시집에 있는 시들로 만들어진 노래들이 많구요. 새롭게 만들어질 여지들이 있기도 했습니다. 그건 더욱더 저한테는 잊을 수가 없는 것이, 저는 기획만 하고 캐스팅도 다 못 끝낸 상태에서 제가 쓰러지게 되었죠. 본래 해철이는 자기 코가 석 자라서 한 곡 정도 참여는 하겠지만 전체는 자기가 음악 감독을 맡아서 하기는 힘들다고 고사를 한 상황이었어요. 그런 상태에서 제가 쓰러져서 거의 불귀의 객이 될 뻔 했었구요. 실제로도 한 달 가까이.

지 해철 님 표현으로 '강헌 형님이 거의 기다시피 PC로 가서 메일을 보내셨다'고.

강 거의 잊고 포기를 한 상황에서, 병원에서 요양을 마칠 때까지 한 5개월 이상이 지나고 난 뒤에, 반년 정도 지난 것 같네요. 그러고 서울로 다시 올라왔는데, 그때만 해도 제가 제대로 걷지도 못할 때였는데요. 그게 다 완성이 되어 있다는 거예요. 그래서 "도대체 누가?"라고 했죠. (웃음) 아직 캐스팅도 다 안 끝난 상태에서 어떻게 된 거지, 했는데요. 그것도 신해철 군이… 이미 그걸 다, 농담으로는 "형이 가는 줄 알고, 마지막 선물로 한 거다"라고 하던데요. (웃음) "유작으로 남겨 줄려고", 농담을 했는데 그때가 제일 기억에 남습니다. 나중에 월드 스타가 되는 싸이도 참여를 해서 넥스트랑 같이 컬레버도 했었는데요. 상업적으로 팔릴 수 있는 음반은 아니었기 때문에 아시는 분이 거의 없을 겁니다마는, 그 작업이 사실은 제일 기억에 남아요.

지 그럼에도 본인의 여러 가지 시간과 에너지를 투입해서.

강 거의 반년을 거기에 다 썼을 텐데, 너무너무 개인적으로는 미안하죠. 돈을 줄 수 있는 상황도 아니었는데, 실제로 못 줬구요. 물론 그 전에 사실 〈자유〉라는 페스티벌이 있었는데요. 표현의 자유 확보를 위한 소송에서 승소를 한 이후에 검열이 사라지지 않습니까? 1996년에. 그때도 신해철, 넥스트의 힘이 굉장히 컸어요. 그게 아니었으면 그렇게 파괴력 있는 행사가 되기 어려웠죠. 열정적으로 기획과 공연 무대까지 참여하지 않았으면… 마지막은 노무현의 추모 앨범을 같이 한 거죠.

지 그걸 생각하면 더 가슴이 아픈데요. 정치적 발언이라기보다는 사회적 발언을 많이 한 건데요. 정치적 발언을 하게 된 계기가 2002년 노무현 대통령 지지하는 과정일 텐데요. 거기도 선생님이 관여하셨잖아요.

강 제가 꼬셨는데요. 사실은 저는 그냥, 어차피 제가 그 시점에서도 해철이를 잘 알았기 때문에, 아무리 자기가 사회적인 관심이 많다고 하더라도 〈아들아 정치만은 하지마〉라는 노래까지 만들었잖습니까? 그래서 안 할 거라고 확신을 했었어요. 사실은 노무현 캠프의 상황이 너무 안 좋았을 때, 어떻게든지 도움을 주고 싶은데 그러려면 좀 대중적인 영향력이 있는 친구가, 특히 문화 쪽에서 방송 지지 연설을 해주면 좋겠다고는 생각을 했었습니다. 그런데 그걸 해줄 수 있는 사람이 누가 있겠어요? 지금도 힘든데. 해철이밖에 없죠. 그래서 저는 안 될 거라고 생각을 하고, 해철이가 당시 방배동에 살고 있었는데, 집에 가서 "야, 상황이 이런데, 니가 안 할 거라는 생각은 하지만, 그래도 해줬으면 좋겠는데, 어떨까?" 그랬더니 바로 안 한다고 하더라구요.

지 그런데 다음날 전화를 해서.
강 그래서 저도 깨끗하게 털고, 억지로 시킬 수 있는 일이 아니잖아요.

지 나중에 어떤 원망을 들으려고. (웃음)
강 솔직히 그거 해서 해철이한테 도움이 될 게 하나도 없다는 것을 저도 아는데요. 자살 행위일 수도 있구요. 이익이 될 것은 하나도 없고. 간단히 말해서 대한민국 땅의 반을 적으로 돌리는 행위인데요. (웃음) 그러고 나왔는데, 다음날 전화가 와서 하겠다고 하더라구요. 한 가지만 약속을 해달라고. 절대 원고를 주면서 읽게 하지 마라, 내가 하고 싶은 말을 하게 해달라고 해요.

지 내가 하고 싶은 말만 할 테니까.
강 그건 내가 바라는 바다. (웃음) 촬영 때도 제가 따라갔었는데, 대본이 없는 거예요. 지가 하겠다고 했으면 시간도 맞춰야 하고 그렇잖아요. 스크립트가 있어야 하는데, "니가 한다고 준비해 놨다고 했는데, 대본은 없냐?"고 했더니 "없는데요", 그래요. 그 순간 '이걸 어떻게 하지'라는 생각이 들어요. 왜냐하면 앞에 프롬프트를 띄우잖아요. 카메라를 보면서 이야기하지만, 프롬프트를 대개 보고 하는데요. 프롬프트 없이 촬영한 거예요. 그것도 한 방에.

지 타고난 거네요.

강 그 연설이 굉장히 화제가 됐죠.

지 캠프 쪽에서는 조마조마했겠네요. '무슨 말을 하려고 하지?'하고. (웃음)

강 다행히 생각이 어떤지는 아니까요.

지 한 번 녹화하고 편집할 수는 없으니까요.

강 한다고 해놓고 사정상 나갈 수 없다고 할 수도 없구요. 그게 기억에 남습니다.

지 신해철 님 건강 이슈가 생긴 것이 노무현 대통령님 서거 이후에.

강 그 전부터 좀 안 좋았어요.

지 엎친 데 덮친 격으로.

강 멘탈까지 해서. 그 다작가가 노무현 대통령이 떠난 후 3년 동안 한 곡도 쓰지 않았으니까요. 그리고 3년 동안 한 곡도 쓰지 않고, 방에만 있다가 처음으로 쓴 곡이 바로 노무현 추모곡을 쓴 거죠. 그걸 쓰면서 본격적으로 다시 돌아올 준비를 시작한 거예요.

지 혼자 3년 상을 치른 셈이네요. 어쨌든 건강 이슈가 없었으면 훨씬 많은 음악이 있었을 텐데요. 굉장히 안타깝다는 생각이 듭니다. 선생님이 책에도 표현하셨지만, 한동안 못 하던 것을 해야 하겠다는 의욕 때문에 신인 같은 마음으로 의욕에 불타고 있었다고 하셨구요. 그런데 그런 상황이 됐으니까요.

강 그래서 더 안타깝구요. 정말 마지막으로 칼집에서 칼을 뽑기 직전의 순간인데요. 그래서 그렇게 긴 침묵을 딛고 새롭게 뽑은 칼의 광채를 한번 보여줘야 했는데, 그 마지막 광채를 보지 못한 것, 그런 게 참, 회한으로 남습니다.

지 우리가 문화적으로는 어떻게 보면 자부심을 가질 만큼 한류가 세계적으로 커진 부분도 있지만요. 예전에 우리가, 기존의 어떤 문화인들이나 스타들에 대한 대접이나 추모가 좀 부족한 것이 아닌가, 이를테면 퀸에 대한 영국 사람들의 어떤 추모 열기나 존중 이런 것을 생각해 보면 그런 생각이 듭니다. 우리한테 신해철 노래가, 〈그대에게〉 같은 노래는 야구장이나 경기장에서 따라 부르면서 그게 신해철 노래인지 모르면서도 따라 부르는 노래인데요. 그런 곡을 가진 신해철임에도 불구하고, 추모 열기가 부족한 것 같다는 생각이 듭니다. 우리가 진짜 문화를 존중하는 국민인가 하는 생각도 들구요.

강 한 나라의 예술 수준은 언론에 의해서 규정이 된다고 봅니다. 그러니까 이제, 가령 미국 같은 경우를 예로 들면 70년대면 50년 전인데요. 이글스 같은 밴드의 노래의 가치를 지금 세대가 어떻게 알겠어요? 어차피 모르는 건 마찬가지인데요. 이글스가 재결성해서 컴백 공연을 했을 때 사람들이 며칠 동안 줄을 서서, 젊은 층들도 기다려서 공연을 봤거든요. 그걸 만들어 주는 것은 뭐냐 하면, 사실은 언론들이에요. 끊임없이 그것을 조명하고 가치를 부여하고, 그래서 마치 니가 지금 이루고 있는 이 문화의 뿌리가 어디에서부터 왔고, 하다못해 아카데미 시상식이나 그래미 시상식을 보면 교묘하게 히스토리를 보여줍니다. 자기들의 오래전 역사에 대한 존중이 있어요. 그리고 또 실제로 그 존중을 지금 당대의 스타들이 그대로 보여주고 있구요. 그럼 당연히 지금 세대의 팬들도 저 할배가 누군지 잘 모르겠지만 존중할 수 있게 되죠. 그중에서도 적극적인 수용자들은 50년 전, 70년 전 노래를 찾아서 들어보게 되구요. 또 이제 표절이 아니라 지금 세대들이 60년대, 50년대의 명작들을 샘플링해서 새로운 곡을 만들고.

지   이런 맥락이 있다, 역사가 있다.

강   그러면 그런 것을 정확하게 언론은 포착해서 분석하고, 알게 해주고 이런 것들이 그야말로 수용의 계보학을 만들어가는 행위인 거예요. 현재 속에서 과거와 미래를 보게 만드는 통찰력, 그냥 수용자들이 단순히 수동적으로 주머니에서 돈 꺼내서 판 사고, 공연 가는 수동적인 소비자가 아니라 그런 어떤 자신이 누리고 있는 문화적인 소비 행위 속에서 정말 역사를 계열화하는 것, 그런 것들은 사실은 언론, 평론가, 학자, 학교들이 해야 하는 일들인데요. 우리는 그런 부분들이 아직까지는 굉장히 취약한 것 같습니다. 지금 막 뜨고 있는 뉴진스다, 예를 들어서 블랙핑크다, BTS다 이런 그룹에 대해서 막 열광하지만, 그것으로 끝이에요. 또 새로운 사람이 나타나면 거기로 우르르 몰려갈 것이구요.

지   평론가나 언론이 맥락화 해서 계보를 만들어줘야지 된다는 거네요.

강 영국도 수많은 상업 방송들이 있지만, BBC 채널 4 같은 공영 방송에서는 계속 끊임없이, 지금 MZ 세대들한테도 엘비스 프레슬리의 다큐멘터리를 만들어서 보여줍니다. 계속해서. 지금 우리가 누리고 있는 이 문화의 뿌리가 어디서부터 시작되었으며 어떻게 우리가 예술적인 진화를 해가고 있는지를 굉장히 일상적으로, 자기가 그 속에서 자신의 문화적인 수용 행위들을 포괄적으로 경계를 넓혀가게 만드는 그런 시스템이 만들어지는 거죠. 밥 딜런이 1960년대에 데뷔했는데, 도대체 몇 년 전입니까? (웃음) 그런데 지금도 현역 가수고, 그 사람이 데뷔한 지 35년이 될 때까지 넘버원 히트곡도 없었던 사람이에요. 그런데도 계속해서 그의 가치를 조명해 주고. 단순히 노벨문학상을 받아서가 아니라.

지 그동안 조명해 왔던 것들이 있으니까 노벨문학상으로도 연결된 거겠죠.

강 언제나 밥 딜런을 얘기할 때는 60년대의 비틀스와 동급으로 취급한단 말이죠. 대중적인 파급력만으로 볼 때는 같이 올려놓으면 안 되는 수준이죠. (웃음)

지 인기도나 이런 걸로 보면. (웃음)

강 비틀스 입장에서는 모욕이죠. (웃음) 밥 딜런의 존재가 있어서 세계의 대중음악사는 굉장히 새로운 지성적인 지평을 확보할 수 있게 되었고, 그것이 그 뒤에 많은 뮤지션들한테 직접적인, 혹은 간접적인 영향을 미쳐 왔구요. 이것이 우리가 누리고 있는 음악 문화를 풍요롭게 만들었구요. 끊임없이 역사적인 재평가들을 통해서 그의 가치를 박제화시키는 것이 아니라 계속 현재화시키는 거죠.

지 선생님께서는 언론을 말씀하셨는데, 정치와도 연결이 되는 것 아니겠습니까? 얼마 전에 화제가 되었던 〈뒷것 김민기〉라는 다큐멘터리를 SBS에서 만들었는데요. 사실 SBS라는 상업 방송이 그런 것을 하는 이유는 스테이션 이미지를 제고하는 데도 도움이 되구요. 시청률도 잘 나왔던 것으로 알고 있습니다. 오히려 그런 것을 해야 할 공영방송사 사장을 정치인들이 자기 입맛에 맞는 사람으로 바꿈으로써 방송사가 이상해지고 있는데요.

강 방송은 공기다, 공영 방송이라는 이야기를 하는데요. 사실은 전혀 공영 방송이 아닌 거죠. 공영 방송은 그런 시청률을 좇지 않고, 해야 할 일들이 있단 말이에요. 그런 것들을 하게 해주고, 그런 것을 통해서 끊임없이 계속 현재와 과거와 미래를 서로 대화하게 만들어 주는, 이렇게 격을 가진 문화를 만드는 사명이 미디어에게 있다고 하는 거구요. 그런데 이제, 지상파 방송이나 이런 것에 기대하면 안 되는 거 같습니다. 세상의 패러다임이 바뀌었으니까, 그러면 이제 인터넷이라든지, SNS나 새로운 미디어, 뉴미디어 환경 안에서 또 이제, 그런 콘텐츠들이 계속해서 지속 가능한 발전을 할 수 있는 생태계들을 만들어야 하는데, 우리가 그런 부분이 굉장히 약해요. 미국 같은 경우는 지 선생도 잘 아시겠지만, 미국은 공영 방송이 없는 나라잖아요. 그런데도 워낙 시장이 크고 저변이 넓으니까, 음악만 하더라도 올뮤직닷컴 같은 그런 데이터베이스 사이트가 있단 말이죠. 그 안에 들어가면 정말 모든 뮤지션들과 지금까지 나왔던 모든 곡들에 대한 리뷰들이 들어 있어요. 바로 검색하면 즉각 확인이 가능하죠. 그게 크게 상업적인 가치를 가진 쇼핑몰도 아니고, 아무것도 아닌 정보들만 모여져 있는, 고급의 정보들이 모여져 있는 그런 건데요. 그런 것들이 왜 미국이 대중문화와 문화 산업을 지배하는가를 보여주는 어떤 증명의 사례들이죠. 단순히 스타들이 많이 나와서, 시장이 넓어서, 시장이 커서 그들이 문화적 권력을 가지게 된 것은 아니라는 것을 보여주게 되는 건데요. 사실 그런 것들을 우리는 공공의 영역에서 해야 하구요. 제가 노무현 정부 때부터 그런 것을 얘기했습니다. 자꾸 때려 부수고 건물 짓고, 이런 것만 하지 말자고. 공연장 만들면 뭐 합니까?

지 콘텐츠가 없는데.

강 지방에서는 계속 인구 줄어들고, 애들이 없는데요. 3천 석 짜리 오페라 극장은 왜 지어요. 누가 온다고. 그런데 보면 아시아 문화중심 도시니 하는데, 제가 이렇게 제 식으로 말하면 문화공구리 사업이에요. (웃음)

지 하하.

강 문화는 다 때려 부수고 건물 짓고, 시설만 느는데요. 이미 있는 것을 활용하는 것만 해도 충분합니다. 중요한 것은 휴먼 인프라고, 더 높은 것은 사실은 콘텐츠 인프라죠. 한류가 뜨기 훨씬 전이었잖아요. 노무현 때는 미국이나 일본 정도의 드라마가 좀 터지는 정도, 동방신기가 일본에서 좀 뜨고, 보아가 일본에서 차트에 오르고 그럴 땐데요. 저는 그 당시 정부에 그런 제안을 했어요. 미국에 올뮤직닷컴이 있다면 우리나라에서는 적어도 아시아 음악 DB를 만들어 보자, 그래서 한국어뿐만 아니라 일본어, 중국어, 영어 이런 정도가 서비스되는, 그래서 전 세계에 아시아 음악에 관심이 있는 사람이 이탈리아에서건, 아프리카에서건 들어와서 검색을 하면 찾을 수 있는 사이트를 만들자는 거였죠. 우리가 이런 건 되게 빠르지 않습니까? 그리고 더 나아간다면 이 자체가 플랫폼이 되어서 바로 들을 수도 있고, 다운받아서 유료로 구매할 수도 있는 그런 쪽으로 연결하면 이것은 굉장히 인문학적이면서 동시에 굉장히 큰 아시아에, 어디에 누가 있는지도 모르는 곳뿐만 아니라 아시아 전역에 있는 뮤지션들의 플랫폼으로 기능할 수 있지 않겠냐는 거였죠. 그런데 좌파건, 우파건.

지 문화적인 마인드가 없죠.

강 무슨 소리인지 이해를 못 해요. 큰돈이 드는 것도 아닌데. 고작 한다는 소리가. 그건 민간이 해야 하는 거 아니냐고 해요. 민간이 미쳤다고 그런 짓을 하나요? 자기 돈 들여서.

지 해철 님 이야기로 돌아가 보면 늘 이야기했던 것이 아이돌을 씹는 에너지만 가지고는 변화가 있을 수 없다면서 인디 진영을 계속 소개하고 좋은 것을 보여주자는 거였잖아요.

강 있었죠. 〈고스트 스테이션〉을 통해서도 했었고.

지 완전한 성공을 거두지는 못했던 것 같구요. 선생님도 말씀하셨듯이 기록을 남겨 놔야 하고, 대중음악연구소 같은 것을 통해서 아카이브를 만들어야 한다고 강조해 오셨는데요. 그런 게 잘 안됐던 것이.

강 이게, 신해철 개인, 제 개인의 노력으로 이게 되는 것이 아니고요. 그 시대에 그 사회가 가지고 있는 인식의 수준과 그것이 반영되는 거라고 보는데요. 웃기는 얘기 하나 해드리면 1950년대의 동아일보를 보잖아요. 조선일보, 동아일보가 쌍벽이었는데요. 중앙일보가 없었던 시절. 그걸 보면 팝송은 신문의 문화면에 있어요. 그런데 한국의 대중가요, 한국의 노래는 문화면에 없어요. 오락면에 있어요. (웃음) 정치면, 사회면, 문화면, 오락면 등이 있는데요. 한국의 영화는 문화면에 있어요. 웃기지 않습니까? 그런데 우리가 말하는 가요, 한국의 대중음악은 문화면에 못 끼고, 오락면에 있었습니다. 제가 농담으로 하는 말이 있습니다. 문화계, 영화판, 가요바닥, 똑같은 문화 산업의 영역 안에도 이런 위계질서가 있는 겁니다. 지금으로부터 70년 전인

1950년대의 얘기만은 아닙니다. 지금도, 아직은 뭘 그런 것을 아카이브 해서 뭐 하시게, 이런 생각들이 있는 겁니다. 무의식적으로.

지　지드래곤이 카이스트의 교수가 됐다, 하니까 '딴따라가~' 이런 얘기들이 있던데요. 아직까지 그런 인식이 부족하다는 생각이 듭니다.

강　그런 데에서 저나 해철이가 밤에 얘기하다 보면 많은 벽들을 느낍니다. 우리가 개별적인 노력이나 몸부림만으로는 넘어설 수 없는 그런 여건에 대해서 굉장히 아쉬워했던 적이 너무너무 많았습니다.

지　정치판에서는 '노무현 정신'이라는 것이 한 번씩 회자가 되는데요. 계속 사람들이 얘기를 꺼내고 있구요. '노무현 정신을 살리자'는 얘기를 하는데요. 문화 쪽에서는 '신해철 정신'이라는 것이 있을 수 있고, 그 유산을 우리가 계승해서 그걸 발전시킬 필요가 있는데, 그걸 선생님 같은 분이 하셔야 할 것 같은데요. 어떻게 해야 한다고 생각하시나요?

강　단순히 개인의 노력이나 개인의 성공으로만은 안 된다고 생각하구요. 사실은 정치인들도 한류가 뭔지를 다 알아요.

다 아는데, 이것을 국가의 정책적인 비전으로 연결할 수 있는 그 단계에 가냐, 마냐, 해철이랑 저랑 농담했던 시절부터 십몇 년이 흘렀단 말이에요. 그때는 이런 얘기들을 국가의 정책으로 얘기한다는 것 자체가 우리가 바보들이고, 미친놈들이었어요. 지금은 이 사람들도 이게 뭔지는 알아요.

지 그렇죠.

강 우리가 세계적인 글로벌 스탠더드가 되어 가고 있으니까요. 이건 구체적인 뭔 미래로까지 닿을 수 있는 지속 가능한 발전의 정책 비전으로 연결되고, 실제로 이른바 액션이 일어나야 하는 거예요. 이게 가장 어렵습니다. 가령 예를 들면 이런 겁니다. 미국이 언제부터 강대국이 된 것 같아요? 심하게 말해서 동네 양아치들이 만든 나라잖아요. (웃음) 저는요, 누가 나한테 이런 질문을 하면 이렇게 대답을 할 겁니다. 경제대공항 때 뉴딜 정책부터 미국의 문화가 세계를 지배할.

지 루스벨트의 정책.

강 우리는 뉴딜 정책하면 막연히 나라가 망해서 굶어 죽고 이러니까 댐 공사하고, 사회간접자본 시설 올려서 사람들 먹고살게 하고, 국가 계획주도 경제로 간 것으로만 알고 있잖아요. 1933년의 정책들을 보면 놀랍게도요. 문화 정책이 굉장히 많아요. 먹고살기가 힘든데, 예술가들은 더 어려워지지 않았겠어요. 그런데 그때 루스벨트 민주당 정부가 그 예술가들을 지원합니다. 너 연극 해, 연극 계속 해, 음악 계속 해, 그래서 그들이 자신의 어떤 상황이 힘들어졌지만, 독자적으로 생존하기 힘들어졌지만, 이런 사회적인 지원을 통해서 예술가들이 정말 자생적으로 자기들이 재생산해 나갈 수 있는 구조를 국가, 연방 정부가 만들어 줬던 겁니다. 특히 소외된 영역, 인기가 없는 영역, 예를 들어서 흑인 연극 배우 집단, 먹고살 길이 있었겠어요?

지 문화적인 인프라를 통해서.

강 결국은 나중에 2차 세계대전을 지나고 하면서 미국의 문화 콘텐츠가 세계를 지배하게 만드는 밑변을 만들어 낸 겁니다.

지 미국이 무기만이 아니라 문화적 힘으로 세계를 지배하게 된 배경인 셈이네요. 우리는 〈뒷것 김민기〉에 나온 것처럼 김민기 선생님이 하신 일들에 국가에서는 관심이 없고.

강 그러니까 김민기 형 혼자서 해낼 수 있는 일은 불행하지만, 너무 작고 힘들다는 거예요. 그분이 만약에 그만두시게 되면 끝이에요. 학전을 계속 살리고 싶었지만, 솔직히 말씀드리면 제가 그것을 책임질 능력도 없고, 어떻게 30년간 끌어왔는지 알기 때문에.

지 마음이 있는 분들은 돈이 없고, 돈이 있는 분들은 마음이 없고. (웃음)

강 그런 겁니다. 해철이랑 제가 실제로 정말 한번 해볼려고 했던 것이 있습니다. 4년쯤 이재명 경기 도지사 시절에 경기문화재단 대표를 하면서. 경기도에는 서른한 개의 시군이 있는데요. 그중에서 가장 열악하고 작고 힘든 곳 중 하나가 동두천시입니다. 미군 부대가 다 평택으로 옮기면서 기반이 폭삭 내려앉은 도시입니다.

지 그나마 미군으로 지탱되는 명과 암이 있는 도시였는데요.

강 그런데 이것은 문화적으로 길을 만들 수 있지 않을까, 연구용역도 시키고, 저도 막 고민을 했었는데요. 지금 사실은 해철이가 그렇게 꿈꾸었던 인디의 그것이, 이미 해체되고 있잖아요. 홍대 다 없어졌죠. 젠트리피케이션 때문에, 사실 홍대 가치를 올리는 데 제일 기여한 사람이 인디신인데요. 그들이 제일 먼저 쫓겨나게 됩니다. 그래서 이제 이 사람들이 어디로 쫓겨났나 봤더니 경기도로 쫓겨난 거예요. 홍대 근처에 살기 너무 힘드니까. 그래서 파편화되어 버린 거죠. 먹고살기도 힘드니까, 다른 노동을 하면서 해야 하는. 제가 계산을 해봤는데요. 인디신을 한 천 명 정도를 먹여 살리는데 생각보다 돈이 많이 안 들더라구요.

지 그렇죠. 사치하고 하는 사람들도 아니고.
강 동두천에는 미군이 남기고 간 비어 있는 부대들이 많아요. 부대 부지를 하나 제가 살까 했습니다. 거기에는 자체 내에서 공연할 수 있는 공간도 있고, 숙소도 있고, 식당도 있고, 야외 공연장도 있고, 헬리콥터 격납장 같은 데는 클럽으로 만들면 죽여요. (웃음) 건물들이 다 살아있거든요. 그래서 거기서 다 모여서 니들은 하고 싶은 음악 계속 해, 먹여주고, 돈도 줄게. (웃음) 사실 동두천시 하면 심리적으로 먼 도시인데요. 서울에서 지하철 한 번 타면 가는 도시입니다. 사람들이 그걸 몰라요. 전철을 갈아타지도 않고 갈 수 있다는 것을. 그런데 우리는 심리적인 거리가 물리적인 거리보다 더 먼 거예요.

지 　강남 사람들이 강북 가기 힘들어하는 것처럼.

강 　사실 동두천에는 문 닫은 클럽, 비어 있는 클럽이 50개가 넘게 있어요. 금토일요일에는 거기서 뭔 지랄을 하시든 공연만 해, 아무도 안 와도 좋아.

지 　시끄럽다고 뭐라고 할 사람도 없고, 구경할 사람만 있으면 되겠네요.

강 　할러윈 데이도 이태원이 아니라 동두천 고산동에서 먼저 시작한 겁니다. 벌써 몇 년 전이냐, 제가 처음 부임했을 때가 2018년이니까, 그 해에 3만 명씩 왔어요. 젊은이들이. 그러니까 콘텐츠가 있으면 온다니까요. 돈을 얼마 안 들이고, 우리가 옛날 주말에 홍대 놀러 갔듯이. 거기 왜 갔겠어요? 돈이 없으니까 갔지. 그때는 돈 있는 애들은 홍대 안 갔어요. (웃음) 돈은 얼마 안 들어, 공짜로 다 볼 수 있다는 데 가서 노는 거예요. 젊은이들이 모이면 뭐가 만들어지게 되어 있어요. 안 모이니까 안 만들어지는 거지, 그래서 동두천 시장도 설득하고, 그래가지고, "합시다. 이거", 했는데요. "우리도 낼 수 있는 것은 최대한 낼게요", 했는데요.

못했어요. 안됐습니다. 국방부가 협조가 안 돼요. 부대를 먼저 확보해야 하는데요. 비어 있는데, 복잡해요. 토지 오염, 이걸 검사하는 데 5년 걸린대요. 이것저것 다 따지다가는 날 새겠네, 임기가 끝나서 더 이상은 못 했습니다. 그런 것들을 사실은 옛날에 해철이랑 많이 꿈꿨던 거예요. 국가가 인디를 직간접적으로 양성할 수 있는 구조가 있다, 분명히. 요즘은 다 디지털화되어 있어서요. 옛날에 아날로그 시대에는 음반 하나를 발표하면 굉장히 많은 비용과 시스템이 필요했어요. 요즘은 집에서, 자기 방에서 다 만들잖아요. 우리나라 돈 많습니다. 그런 시설들을 만드는 것은, 공공에서 만드는 것은 돈도 아닙니다. 중요한 것은 지속적으로 사람이, 거기에서 뭔가 할 수 있는 사람이 있어 줘야 한다는 거죠. 그런데 뭐가 있어야 거기 가서 살 거 아닙니까? 없는데. 부산영화제가 성공을 했지만, 부산이 영화의 도시가 되는 것에는 실패했어요. 왜인 줄 아세요? 돈을 몇 천억 부었는데, 실패한 이유가 뭐냐 하면 결국은 영화인들이 부산에 가서 살지 않았기 때문이에요. 가서 살아야 하는 거거든요.

지 거기서 술도 마시고.

강 일도 하고.

지 사람들이 그 사람들을 구경하러 가고.

강 그런데 그때 막 어마어마한 후반 작업 시설들을 했는데, 엔지니어들이 안 오는 거예요. 그때 제가 부산영화제의 성공을 기반으로 부산을 영화의 도시로 만드는 기획들이 좌절하는 것을 보면서 '중요한 것은 사람이다. 사람들을 살게 해야 한다. 건물 짓는 것은 소용없다'는 생각을 하게 된 거죠. 그리고 이제 이런 것도 있어요. 결국 신도시가 만들어질 수 있는 것은 수도권밖에 없어요. 경상북도나 전라북도에 무슨 신도시를 만들겠어요? 인구가 계속 줄고 있는데. 지금 유일하게 인구가 늘고 있는 곳은 경기도밖에 없어요. 서울도 줄고 있구요. 그러면 신도시가 만들어질 수 있는 최적의 상황은 경기도밖에 없어요. 땅도 있고, 사람들도 계속 늘어나는 곳은 경기도밖에 없습니다. 그래서 경기주택도시공사 사장을 꼬실려고 했어요. (웃음) 어차피 신도시 만들잖아, 계획은 쭉 있어요. 1, 2, 3, 4, 5. 몇만 명에서 몇십만 명 도시가 만들어지는데요. 기본소득, 기본주택 얘기하잖아요. 그래서 한 500가구만 내놔라. (웃음)

지 하하.

강 왜 있잖아요. 영구임대주택처럼. 공짜로 하겠다는 거 아니고, "뭐 하실래요?" 하길래, a라는 신도시에 500채 정도 되는 곳을 만들어서 연극인만 받는 거예요. 지금 대학로에 연극인이 있습니까? 없잖아요. 동네가 비싸서 살 수가 없으니까요. 그러면 새로운 신도시 하나 가운데 연극인들의 마을이 하나 만들어지는 거예요. 아파트만 들어서는 게 아니고 상가도 들어서게 될 거 아닙니까? 그 상가의 지하 공간들은 예를 들어서 20년 분할로 해서 전부 다 공공 소극장 한 20개 만들고, 돈 얼마 안 듭니다. 그래서 그 연극인들이 미국 브로드웨이처럼 임대료 한 달에 1불.

지 상징적으로 해서.

강 니들이 기획하고, 운영해. 그렇게 해서 되든 안 되든. 유명한 이야기가 있어요. 연극의 첫 번째 관객이 누구냐 하면요. 같은 연극 하는 사람들이에요. (웃음) 일반인들은 잘 안 가니까. 그런데 그 사람들이 한곳에 모여 있잖아요. 자기들끼리 옆에 사람 연극 보고, 이 사람도 옆에 사람 연극 보는 거예요. 처음에 그렇게 장이 만들어져야 하는 거예요. 그러면 옆 동에 사는 일반 시민들도 '연극 한다는데, 가볼까?' 하고 가보는 거예요. 1년에 한두 번씩 연극 페스티벌 같은 것도 하고, 외부에서 연극 좋아하는 마니아들이 몰려오겠죠. 그렇게 해서 선순환 구조를 만들어 가게 하는 거예요. 이건 뭐냐 하면 문화부 차원의 발상으로는 되지 않고, 주택공사가 중요해요. 그런데 이렇게 되면 제가 주장하는 포인트는 이거예요. 이런 면에서는 해철이가 뛰어났다고 생각하는데요. 해철이가 예전에 그런 말을 해서 그 유지를 제가 실현해 보려고 했는데요. 도시의 가치를 규정하는 것이 뭘까? 지금은 큰 회사, 대기업이 들어오고 하는 거지만, 나중에는 분명히 예술가들이 그 도시의 가치를 규정하게 될 수도 있다는 생각을 했다고 해요. 처음에는 무슨 잠꼬대 같은 소리를 하나, 하는 생각을 했어요. (웃음) 예술가들이 들어가면 사람들이 싫어하지 않을까, 그런 얘기를 했는데요. 십여 년 지나서 생각해 보니까 중요한 얘기인 거예요. 저도 물론 검증할 수는 없지만, 제가 설득한 논리는 그거예요. 만약 신도시를 만들면 그 가치가 높아져야 하잖아요. 그래야 그 도시가 유지되잖아요. 단순한 인프라나 육아, 교육, 보육 이런 거는 이미 모든 신도시에서 기본빵으로 다 하고 있기 때문에 차별화가 되는 콘텐츠가 못됩니다. 뻔하잖아요. 교통, 육아, 교육, 신도시 내 녹지 시설, 그뿐인데요. 여기에 예술의 향기를 하나씩 심자, 그 도시마다. 21세기에는 그게 그 도시의 가치를 끌어올리는 데 결정적인 역할을 하게 될 거다, 어차피 콘크리트 수명 오십 년에서 백 년밖에 안 됩니다. 그 도시의 가치를 지속적으로 이어갈 수 있는 것은 콘크리트가 아니고 그 도시에 담겨 있는 예술과 역사의 흔적이라는 겁니다. 그게 안 먹히더라구요. (웃음) 처음에는 좀 들어주는 척하다가, 결국은 신도시에 예술가들의 주거 단지를 만드는 데는 실패했는데요. 이런 식의 시도들이 있었는데, 이것은 정말 불행하지만, 수도권에서밖에는 할 수가 없는 겁니다.

지 그렇죠. 일단 서울과의 접근성도 그렇고.

강 잘못하다가는 수도권 중심화가 더 강화되는 데 기여하게 될지도 모르지만, 이런 것들이 점점 더 지역들의 영역에서, 어차피 지역은 메가시티로 가게 될 겁니다. 이런 상태로는 지역들이 경쟁력이 없으니까요. 경상북도만 하더라도 시군을 없애자는 거잖아요. 그 차별에 대한 포인트가 뭐냐, 저는 예술이라고 보는 거죠.

지 결국은 정치권을 잘 설득해야 할 텐데, 예전에 김구 선생님이 문화가 높은 나라를 꿈꾼다고 했구요.

강 다들 백범의 문구는 인용하면서.

지 실천하지는 않으니까요.
강 백범일지를 제대로 안 읽은 것 같아요. (웃음)

지 지금 생각해 보면 한류의 성공을 봐도 문화에 대한 김대중 전 대통령의 철학과 비전이 긍정적으로 작동했던 것 같은데요. 지금 정치인들은 문화가 돈이 된다고만 말하지, 철학적으로 접근하지 못하고 있는 것 같습니다.
강 불행하지만, 그 수준이 바로 그 나라의 문화 수준인 겁니다.

지 책에 선생님이 〈하늘〉이라는 노래가 특별하다고 하셨는데요. 박노해 시인의 시를 가지고 만든 노래인데요.
강 싸이의 랩과 넥스트가 같이 컬레버를 했던 노래죠.

지 그 외에 해철 님 노래 중에서 특별하게 기억되는 노래가 있나요?
강 아무래도 《정글 스토리》에 실린 노래들이 아무래도 저한테는, 그 영화의 기획자이자 제작자로서는 정말 잊을 수가 없는 거죠.

지 지금 영상자료원 원장님인 김홍준 원장님이 감독이었는데요. 영화적인 의견이 달라서 갈등이 좀 있었다고 들었는데요. (웃음)

강 정말 좀 힘들었는데요. 그 영화가 촬영이 시작되는 순간까지도 음악 영화인데 음악 감독이 정해지지 않았습니다. 저와 생각이 달라서. 그런데 이러다가는 영화가 망할 것 같다는 생각이 들었습니다. 결국 망했지만. (웃음)

지 하하하.

강 음악 부분이라도 어떻게든 뭔가 하여튼 채워놔야겠다는 생각을 했는데요. 할 수 있는 사람은 신해철밖에 없는데, 그때 넥스트의 인기는 탑이었는데요. 이 돈 가지고 그걸 하겠냐, 아무도 기대를 안 했던 거죠. 그리고 그때는 신해철이 회사 소속이었어요.

지 대영 기획?

강 대영 AV 소속이었기 때문에 더욱더 상황이 힘들었습니다. 그리고 그렇게 친할 때도 아니었어요. (웃음)

지 대승적으로 대영AV 사장님과 해철 님이 록 음악 영화라고 해서 흔쾌히 참여하셨죠.

강 신해철은 제가 설득할 수 있죠. 어쨌거나 이건 록 영화니까. 문제는, 사장님은 자기가 설득하지 못한다는 거예요. 그러면 내가 사장님을 만나 뵙고 간청을 해볼 테니 니가 옆에서 좀 지원 사격을 해달라고 했죠. 그래서 사장님을 만났는데, 의외로 사장님이 흔쾌하게, 토 달지도 않고, "잘 해봅시다" 하는 거예요. (웃음) 뭐가 되려니까, 될 때는 그렇게 되더라구요.

지 낭만이 있었던 시절이었죠.

강 그렇죠. "장난하세요?" 이러지 않고. (웃음) "반나절 짜리 행사비도 안 되는 돈을 가지고 와서 장난합니까?" 그럴 수도 있는데.

지 결과적으로 명반이 나와서 판매가 잘 되기도 했으니까요. 처음엔 인터뷰 때문에 친해지셨죠? "음악에 관해서 이렇게 얘기한 것이 처음이었다"고 좋아했다고 하는데, 선생님의 신해철에 대한 첫인상은 어땠나요?

강 저도 평론가로서 커리어가 많지 않았던 시절이기 때문에요. 이런 사람을 인터뷰하게 됐는데, 나는 시간이 많이 필요한데, 시간을 많이 할애해 줄까, 이런 걱정을 하면서 홍대로 나갔는데요.

지 본인이 내키면. (웃음)
강 결국은 인터뷰를 3일인가 했어요. 본래는 한 시간만 시간을 내달라고 해서 시작됐던 인터뷰인데요. 결국은 3일을 하게 됐구요.

지 오랜만에 음악에 대해서 얘기할 수 있는 기회가 되니까 기분이 좋았었나 봅니다. 엄청 바쁘던 시절일 텐데. "스케줄 미뤄" 이러면서 하지 않았을까, 싶은데요. (웃음)
강 그러면서 굉장히 가까워지게 된 기회가 됐구요. 그때 또 그 친구가 DJ로서도 굉장히 유명했잖아요. 〈FM 음악도시〉에서 게스트로 나간 적도 있구요. 그게 기억나네요. 심야에 방송하면서 스튜디오에서 담배를 피우면서 방송을 했었는데요.

지 옛날에는 윔블던 테니스 보면서 담배 피우고 했는데요. 지금은 비행기에서도 담배를 못 피우니까요.

강 그러고 나서 바로《정글 스토리》작업하게 되면서 더 친해진 것 같아요.

지 그것도 계기가 됐지만, 개인적으로 친분을 가지게 된 특별한 일이 있었을 것 같기도 한데요.
강 저도 많은 뮤지션들을 인터뷰했지만,

지 배짱이 맞는다.
강 그렇죠. 인터뷰라는 세계에 이런 게 있잖아요. 나도 참 배울 게 많다, 이 친구에게는.

지 선생님도 지식이나 말빨로는 누구한테 안 뒤지시는 분인데. (웃음)
강 그런 점에서 너무 신기한 거예요. 그러다 보니까 사소한 것을 가지고도 계속 만나게 됐죠. 하다못해 뭐 먹으러 가는데 어디가 제일 맛있어? 그래서 같이 먹으러 가기도 했구요.

지 뭘 주로 드셨나요?
강 아무리 인터뷰지만 얘기하긴 그런 게, 가수들이 그때 공연을 앞두고 개고기를 많이 먹었어요. 목소리가 잘 난다고.

지 옛날이니까.
강 해철이는 그렇게 개고기를 좋아하는 편은 아니었던 것 같은데요. 그렇게 먹는 풍토가 있었으니까요. 개고기 진짜 잘하는 집? 단골집이 있는데 가볼래, 비싸긴 한데, 하고 같이 가기도 했죠. (웃음) 그래서 거기 단골이 됐죠. 어느 날 그 개고깃집에 갔는데, 멤버들과 먹고 있는 거예요. (웃음)

지 만약에 지금 만나게 된다면 무슨 말씀을 해주고 싶으신가요? 신해철 님한테.
강 또 뭐하지, 그런 얘기 하겠죠? (웃음) 그런 작당 모의를 하는 게 제일 재밌어요.

지 아무래도 평론가이시니까, 너무 친하다 보면 평을 할 때 객관적이어야 한다는 사람들의 시각이 있다 보니까, 그런 불편함은 없었나요?
강 그런 것은 없었습니다. 저는 평론이 객관적인 영역이라고 생각하지 않으니까요. (웃음) 평론가가 신입니까? 객관적이게. 자기 꼴리는 대로 하는 거죠.

지   실제로는 근거를 얘기하고, '나는 이런 입장에서 이렇게 얘기한다'고 하면 되니까요. 미국 언론들은 어떤 당을 지지한다는 전제하에 논조를 펴기도 하니까요. (웃음)

강   평론가는 자신의 관점과 입장을 얘기하는 사람이지, 진리를 이야기하는 사람들이 아닙니다. 그건 학자들이 할 몫이구요. 기자나 비평가는 자기 입장을 주장하는 거예요. 거기에 동의해 주는 사람들이 많아지면 힘이 생기는 것이고, 무시하는 사람이 더 많아지면 힘이 없어지는 거죠. 제가 한국의 비평이나 언론 기자들의 문제가 뭐라고 생각하냐하면, 입장이 없다는 거예요.

지   그렇죠. 이게 무슨 불편 부당 팩트 얘기하면서 자기 입장 없는 것을 그렇게 포장하는 경우가 많은 것 같더라구요.

강   그러면서 기자는 공정해야 한다? 공정의 기준은 누가 정하는 건데요?

지   자기 의견이라는 것이 일정하게 편파적일 수밖에 없는 건데, 그 편파적인 이유, 근거를 제시하면 되는 것 같은데요. 대중음악연구소 같은 것도 준비한다고 하셨는데요. 그건 어떻게 되고 있나요?

강 노무현 정부 때 그걸 할려고 했는데요. 진짜, 정말 연구소라는 것이 국책 연구소가 아닌 다음에는 돈이 아주 많거나, 연구할려면 연구원이 필요하고, 연구원들이 지속적으로 연구할려면 또 돈이 필요하고. 몇 년 해보니까 운영을 지속적으로 하기가 너무 힘든 거예요.

지 인력을 쓸려면 월급을 줘야 하고.

강 용역비라는 것이 그 당시에도 몇백만 원을 받고, 사람이 어마어마하게 투입이 되어야 하는데, 그걸 받아서 할 수는 없죠. 안 그러면 민간사업들을 해야 하는데요. 그건 그냥 돈 버는 일이잖아요. 기업들의 시장 조사나 이런 거. 그건 연구소가 할 일이 아니고, 기업의 연구소가 할 일이죠. 우리가 잘할 수 있는 일도 아니고. 그래서 참, 제대로 되진 못했습니다. 연구소는 정말 요원한 것 같아요. 연구소도 말 나온 김에 하자면 그렇게 우리나라에 실용음악과가 많이 생기고 그렇잖아요. 사실은 이 연구소가 제대로 되려면, 미국 같은 경우를 보면, 연구소들은 어디서 담당하냐 하면 대학이 담당합니다. 대학이 담당해 줘야 합니다.

지 대학은 국가나 사회의 지원을 받을 수 있으니까요.

강 우리나라 대학도 돈이 안 되는 분야에서 그런 것을 지속적으로 운영하고 재원과 인력을 투입하는 것에 대해서는 굉장히 인색하죠.

지 다큐멘터리 〈뒷것 김민기〉를 보면서 화가 좀 나더라구요. 김민기라는 분이 많은 희생도 했고, 한류가 탄생하는 데 공이라면 상당한 공이 있으신 건데요. 물론 그걸 위해서 한 것은 아니지만요. 그런데 학전 하나도 우리 사회가 못 지켜주는구나, 하는 생각이 들어서요. 지금 하이브와 민희진 대표가 싸우고 이런 게 화제가 되고 하는데, 문화 기록이 중요하다는 것을 생각하면 정치 영역에서 안 한다면 문화인이라도 투자를 해야 하지 않나 하는 생각이 들더라구요. 아카데미상 받을 때 봉준호 감독이 스콜시지에게 헌사를 남긴 것은 박수를 치면서, 우리 문화인들에 대해서는 그렇게 안 하냐는 거죠.

강 그렇죠. 한국의 문화 산업이 글로벌시장에 진입을 했지만, 그건 외형만 그런 거구요. 아직까지, 이제 사고나 비전의 성숙이 아직까지는 초창기다 보니까. 그렇게 해서 막대하게 굴리는 돈의 일부를 다시 자기들이 발 딛고 있는 한국 대중문화의 질적인 성장에 기여할 수 있도록 피드백을 하는 것까지는 인식이 도달하지 못한 거죠.

지   그게 사실은 자기들은 다른 데 쓰는 돈에 비해서 굉장히 적은 돈으로도 사회에 공을 세울 수 있고, 나중에 생색도 엄청나게 낼 수 있는 일인 것 같은데요.

강   어디라고 얘기할 수는 없지만, 한 17, 8년 전인데요. 우리나라에서 몇 손가락 안에 꼽는 대기업이 그런 제안에 관심이 있었던 적이 있어요. 정부에게 기대한 것들이 좌절되면서 아예 공무원들하고 얘기가 너무 힘들구나, 그러면, 아무래도 우리나라 대기업들은 오너십으로 움직이니까요. 차라리 회장님 한 명을 꼬시는 것이 낫겠다. (웃음) 거의 될 뻔했어요. 그런 아카이브를 만드는 작업이. 저한테 10년의 시간만 다오, 그러면 정말 나중에 보답을 하겠다, 제 생각대로 그게 됐으면 지금 그 회사는 어마어마한 플랫폼을 가지게 됐을 겁니다. 거의 OK, 이렇게 된 거예요. 그때 잠시 '야, 이제 제대로 뭔가를 해볼, 내 평생을 걸고 해볼 수 있는 일이 생기겠다' 싶은 거예요. 그런데 실무 담당자, 부장님이 바뀌었어요.

지   사람이 바뀌면 원점으로 돌아가는 경우가 있죠.

강   자기는 임원이 되어야 하잖아요. 그러니까 이런 거죠. "뭐 하시는 건데요?" 하고 제가 하고자 하는 일을 이해를 못해요. "얼마나 걸리시는 거예요?" 그래서 "첫 번째 모델이 완성되려면 3년은 걸리겠죠?" 하니까 "네. 뭘 하시는 데 3년이 걸려요?" 무슨 말인지 아시겠죠? 이런 식이었어요.

지   투자해서 빨리 돈을 벌어야 하는데.
강   아니, 제가 지 돈을 가지고 하냐구요? (웃음) 그런데 그 사람은 뭔가 실질적으로 성과를 내야 하는데, 자기가 보기에 저는 완전 대기업 등골이나 빼먹는 사람 같은 거죠.

지   돈이 보이지 않는 걸 하자고 하니까.
강   결국 그 사람은 제가 런칭해 놓은 것을 기반으로 해서 상장을 했어요. 저한테 싹 다 빼앗아 가서 저를 배제하고.

지   상장해서 돈이 된다는 것만 알았던 거네요.
강   그렇다고 해서 제가 다시 쪼르르 가서 "쟤가 날 괴롭혀요" 이런 얘기를 할 수는 없는 거잖아요. (웃음) 그래서 기업의 논리 안에서는 이게 쉬운 일이 아니구나, 하는 생각이 들었죠.

지　노소영 관장님이 재산 분할을 받으시면 문화에도 관심이 있으실 테니까 투자를 좀 하시라고. (웃음)

강　바로 그 회사였어요. 하하하하하.

지　예전에 보면 삼성이 영상사업단도 만들고, 나이세스를 통해서 음반 사업도 했는데요.

강　《정글 스토리》 OST가 나이세스에서 나왔고, 영화 투자도 삼성 영상사업단에서 했구요. 어떻게 됐습니까? 돈 안 된다고 시장에서 바로 철수를 시켰잖아요.

지　꾸준히 했었으면 지금쯤….

강　어마어마한 콘텐츠를 가지게 됐겠죠.

지　넷플릭스 같은 것을 할 수도 있었고.

강　이건희 전 회장이 오디오에도 관심이 많고 음악에도 관심이 많고 해서 한 건데요. 실제로 삼성 영상사업단의 첫 번째 단장으로 삼성전자 출신의 전무가 왔어요. 그분이 국문과 출신이었어요. 그런데도 딱 그룹 본사에서 보기에 회장의 의지가 있고, 실제 그 많은 몇백 명의 삼성전자 임원 중에서 그래도 문화적인 베이스가 되어 있는 사람을 수장으로 보냈는데두요. 실적이 아무래도 초기에는 마이너스가 많이 나죠. 누수도 많고. 그러니까 결국은, 그때 접을 때 마지막 작품이 터진 것이 〈쉬리〉였어요. 그런데도 접더라구요. 실제로 그런 일이 있었는지는 모르겠는데, 그 당시 김대중 대통령이 이건희 회장에게 전화했다는 이야기도 있어요. "접지 마시고, 조금만 더 생각해 달라"고. 그런데 기업의 논리에서는 그게 안 되더라구요. 혁명이 필요합니다. (웃음)

지   해철 님도 혁명을 꿈꿨었죠. 선생님에게 신해철이라는 존재는 어떤 존재인가요?

강   페트병 콜라를 마시면서 같이 밤새 수다를 떨 수 있는 사람?

지   나이가 들면 들수록 그런 친구들이 쉽지 않더라구요.

강   그럼요.

지   마음도 통해야 하고, 여러 가지, 몸도 안 좋고 피곤한데, 같이 시간을 보내면 기가 빠지는 사람도 많구요. 나이가 들면 들수록 만나는 사람이 점점 줄어드는데요. 그런 존재가 있었다가 없어져서 굉장히 허전하시고, 그렇겠네요.

강 그렇죠.

지 가요 환경도 굉장히 많이 바뀌었는데요.
강 완전히 다른 나라죠.

지 해철 님이라면 어떤 식으로 활동을 하실 것 같은가요?
강 글쎄요? 지금의 환경이 어쩌면 오히려 더 힘들 수도 있지 않을까 싶어요. 아까 지 선생이 말했잖아요. 그때는 낭만이 있던 시대였다고. 지금은….

지 제 생각에도 오히려 좀 불화를 많이 하지 않았을까, 시대와. 대중들이 점점 연예인에 대해서 공인으로 요구하면서 정치인들보다 더한 도덕성을 요구하기도 하는데요. 그런 것에 저항을 하면 연예인이 그런 것을 가지고 얘기한다고 댓글을 달고, 그래서 피곤했을 수도 있었을 것 같은데요. 그런데 막상 이분이 한국에서 음악가로 활동하려면 계산기와 악보 두 가지를 같이 가지고 있어야 한다고 하셨는데, 의외로 잘 적응했을 것 같기도 하구요.
강 맞아요. 머리는 그렇지만, 신해철이 뛰어난 지성적인 능력을 가지고 있으면서도 결정적으로 가슴이 움직이는 대로 했기 때문에 쉽지 않았을 것이다.

지   순수한 소년 같은 마음이 있으니까. 그에게는 늘 다음이 있었다고 말씀하셨는데요. 어떤 의미로 말씀하신 건가요?

강   신해철에게는 장르에 대한 충성심이 없었어요. 끊임없이 늘 언제나 새로운 것을 향해서, 자신이 가보지 않은 길을 향해서 가보는 것을 주저하지 않았습니다. 그러니까 어쩌면 그 새로운 것에 도전하는 것이 남아 있는 한 그는 음악을 계속했을 거예요. 그래서 그에게 제가 제일 기대하는 것은 언제나 그다음에 나올 작품이었습니다.

지   정말 명반이 많았죠. 넥스트 앨범도 그렇고, 솔로 시절의 《모노크롬》 같은 것도 저주받은 걸작이라는 평을 들었는데요. 마지막에 나온 EP 앨범도 새로운 활동의 예고편이었는데, 그것으로 멈췄다는 것이 너무 안타까웠는데요. 공교롭게도 그 앨범의 마지막 노래가 〈단 하나의 약속〉으로 아프지 말라고 했는데, 본인이 아프셔가지고….

강   저보다 훨씬 앞선 세대의 음악을 했던 어른들이 했던 말이 있어요. 가수는 지 노래 따라간다고.

지 자기 노래가 팔자가 된다. 신해철 님을 좋아하는 팬분들에게 10주기를 맞아서 한 말씀을 해주십시오. 해철 님을 가장 잘 아시는 분으로서.

강 신해철이든, 그의 음악을 좋아했던 팬이든, 저 같은 사람이든, 우리 모두는 언젠가는 죽게 되는데요. 그런 유한적인 존재인 인간이 가지는 가장 큰 힘은, 저는 기억에 있다고 생각합니다. 그가 기억되는 한은 그는 계속 의미를 가지게 되죠. 저는 기억이 가장 중요하다는 생각을 많이 합니다.

지 요즘 상영하는 〈매드맥스〉 영화에서도 워 보이들이 죽을 때 "기억해 줘"라고 하잖아요. (웃음)

강 아, 그거 어젯밤에 봤는데.

지 해철 님이라면 10주기를 맞아 팬들에게 뭐라고 얘기를 할 것 같으신가요?

강 글쎄요. 계속 관용을 이야기하고 있지 않을까요? 해철이가 굉장히 과격해 보이는 것 같지만, 그가 지속적으로 전한 메시지는 다름에 대한 관용이었거든요. 그게 그 친구가 가지고 있었던 가장 훌륭한 품성이라고 생각합니다.

지 선생님도 말씀하셨지만, 자기 공을 내세우지 않고 약간 귀엽게 허세를 부릴 때는 있지만, 정작 자기가 뭔가 했을 때 공치사를 하지 않고, 츤데레 같은 면이 있다고 하셨는데요. "할 사람이 나밖에 없어서" 이런 식으로. (웃음) 긴 시간 감사했습니다. 선생님의 앞으로의 계획을 말씀해 주십시오.
강 평생 계획을 가지고 살아본 적이 없는 사람이어서요.

지 하하.
강 특별한 계획이 없구요. 좀 더 좋은 글을 써야겠다, 이런 정도의 생각 밖에는 없네요. (웃음)

지 저도 음악 좋아하고 하다 보니까 90년대 선생님 글을 많이 좋아했고, 보면서 많이 배웠는데요. 선생님이 책을 안 내시더라구요. 나중에 나오기 시작했는데요. 정리해서 많이 내주셨으면 하는 바램이 있구요.
강 인간이 워낙 게을러서.

지 게으르시기보다는 관심 분야가 워낙 다양하셔서. 〈넘버3〉 영화에 출연하신 적도 있으시고. (웃음) 요즘 영화 쪽엔 관심이 없으신가요?

강   저는 《정글 스토리》가 망하면서 '여긴 내가 올 곳이 아니다'고 생각했죠. 저는 포기가 빨라요. (웃음)

지   긴 시간 좋은 말씀 해주셔서 감사하고요.
강   오랜만에 뵙게 되어서 기쁩니다.

지   10주기 맞아서 선생님한테 해철 님에 관한 이야기를 많이 들어서 좋구요. 생각이 많이 나기도 합니다. 아까도 얘기했지만, '신해철 정신'이라는 것이 다시 되살아나서 우리가 문화적으로 더 풍성해지는 나라가 됐으면 좋겠습니다. 선생님이 많이 해주실 거라고 기대하겠습니다. 건강하십시오.

신해철 앨범들을 흐뭇하게 바라보며

정아은

정아은은 소설가이자 에세이스트다. 2013년 《모던하트》라는 소설로 한겨레문학상을 받으며 등단했다. 마왕이 타계하기 1년 전이다. 마왕을 직접 만나지는 못했지만, 마왕의 음악을 좋아했고, 특정한 작품을 쓸 때는 마왕의 노래를 들으면서 썼다고 할 정도로 신해철을 사랑했다. 2014년 마왕이 타계한 후 나온 《마왕 신해철》 책을 좋아해서 아이들에게 읽혔다. 그 책이 아이들에게 닮고자 하는 성인의 롤모델이 되어줬다고 감사하는 마음을 표시했다. 그녀가 앞으로 마왕을 소재로 한 소설을 써줬으면 좋겠다.

아이들에게 좋은 어른의 모델이 되어주어서 감사합니다

정아은 작가님은 《모던 하트》라는 소설로 2013년 제18회 한겨레문학상을 수상하면서 등단했습니다. 그 후 《잠실동 사람들》《그 남자의 집으로 들어갔다》《어느 날 몸 밖으로 나간 여자는》 등의 소설 외에도 산문집 《당신이 집에서 논다는 거짓말》《높은 자존감의 사랑법》, 작법서 《이렇게 작가가 되었습니다》, 전두환을 분석한 사회과학서 《전두환의 마지막 33년》 등 전방위적으로 글을 쓰는 작가입니다. 놀라울 정도로 많이 읽고 많이 쓰는 정아은 작가님은 신해철을 너무 사랑한 나머지 아들에게까지 신해철을 전도했다고 하네요. 앞으로 시대를 풍미할 정아은 작가님의 작품도 많이 기대해 주시길 바랍니다.

지승호(이하 지)   안녕하세요? 올해가 신해철 님 10주기 되는 해입니다.

정아은(이하 정)   벌써 그렇게 됐군요.

지   신해철이라는 인물을 생각하면 다큐멘터리도 한두 편 나왔어야 할 것 같은데요. 추모 분위기가 생각보다 약한 것 같고, 자꾸 신해철 님을 잊고 사는 것 같은 느낌이 들어서 연중 기획으로, 만나 뵙는 분한테마다 신해철 씨에 대해서 여쭤보려고 하구요. 첫 번째로 정아은 작가님을 모시고 첫 번째 시간을 가져보도록 하겠습니다.

정 영광입니다.

지 혹시 신해철 님을 좋아하셨나요?
정 너무 좋아했죠. 내게로 와줘~~ 〈일상으로의 초대〉는 위대한 노래라고 생각합니다. 그 노래가 주는 그 감성과 그 느낌은 뭐라고 언어로는 표현할 수 없을 것 같아요.

지 불러달라고 말씀드리려고 했는데, 불러 주셨네요. (웃음)
정 죄송합니다. 노래도 잘 못하는데. (웃음) 너무 좋아하구요. 제 아들들도 너무 좋아해요. 〈재즈 카페〉 같은 노래.

지 너무 어릴 때 아닌가요?
정 제가 마왕을 너무 좋아해서 우리 아들 일종의 성교육 교재로 신해철 씨가 쓴 《마왕 신해철》이라는 책을 읽게 해줬는데요. 그 책을 초등학교 고학년부터 읽었구요. 항상 노래를 틀어줬기 때문에 좋아하죠. 〈재즈 카페〉 같은 노래는 외워서 부르구요. 특히 신해철 씨의 저음을 정말 좋아합니다. 아들이 《마왕 신해철》이라는 책을 너무 좋아하더라구요. 정말 솔직하게 쓰고, 재밌게 쓰셨잖아요. 엄마의 영향으로 요즘 아이돌보다 더 잘 알고 컸습니다.

지 주입식 교육을 하셨군요. (웃음)
정 그렇죠. (웃음)

지 그 노래 말고 다른 노래는 좋아하는 곡이 없으신가요?
정 〈그대에게〉도 좋아하구요. 〈재즈 카페〉도 저음이 너무 근사하게 나와서 좋아하구요. 신해철 씨의 음악은 들으면 들을수록 다양한 결이 계속 나오는 것 같습니다.

지 지금 들어봐도 세련된 것이 대단한 것 같습니다. 만나 뵙지는 못하셨죠?
정 네.

지 마왕이 아드님들에게 어떤 영향을 주었다고 생각하시나요?
정 아들들에게 약간 주입(?)했을 때부터 바로 빠져들었어요.

음악은 〈재즈 카페〉 같이 경쾌한 노래를 좋아했는데요.《마왕 신해철》을 읽게 했는데, 그 책을 너무 좋아하더라구요.

지 어떤 점을 좋아했나요?

정 솔직하고, 개방적으로 사고하는 남자 어른의 롤모델로 생각되었죠. 성에 대해서도 개방적이고, 생전에 본 적도 없는데도 감정이입을 많이 하더라구요. 제가 못해 준 교육을 신해철 씨가 책을 통해 해줬구요. 처음에는 음악을 좋아했는데, 책을 읽고 반한 다음에 바로 빠져들게 됐습니다. 살아생전에 활동하는 것을 보지 못했음에도 불구하고 우리 시대의 인물로 생각하는 것 같습니다. 그 책은 남자아이들을 키우는 엄마들에게 되게 유용할 것 같아요. 진로 안내서가 되기도 하고, 성교육 책이기도 했습니다. 자기혐오를 하기 쉬운 청소년기에 자신을 사랑하는 법을 알려주는 책이기도 했구요.

지 멋진 엄마시네요. 신해철 같은 삼촌이 아이들에게 어른의 롤모델로서 훌륭할 수 있는데도 불구하고 대부분의 부모들은 "저 삼촌 가까이하면 성적 떨어진다"고 하면서 경계할 것 같아요. (웃음)

정 그렇겠죠.

지 사망 소식 들었을 때 어떤 생각이 드셨나요?
정 제가 접해봤던 유명인 사망 소식 중에서 뭐라고 해야 할까, 제일 아팠어요. 신체적으로 아프더라구요.

지 만나본 사람 같고.
정 진짜 저랑 일면식도 없는데도, 그리고 너무 부당한 죽음이었잖아요. 그 과정이 너무 어처구니가 없고.

지 황당한 일을 당한 거죠.
정 믿어지지가 않고, 몸이 쑤신다고 해야 하나, 너무 슬픈 게 신체로 오더라구요. 그리고 흔치 않은 인물이었기 때문에요. 자기 본업에서의 예술가적인 능력도 뛰어난데, 사회적인 의식도 투철하셨잖아요. 그런 인물이 없죠. 대체할 만한 인물이 없는 것 같아요.

지 없죠.
정 둘 중 하나를 가진 사람은 많은데요. 이분은 음악적 재능이 굉장히 출중하셨잖아요. 너무 큰 손실이었죠.

지 만약 만나면 해주고 싶은 말은 있으신가요?

정 사랑한다고 말하고 싶습니다. (웃음) 그리고 우리 사회가 너무 대우하지 못하고, 알아보지 못해서 미안하다고도 말하고 싶구요.

지 작품을 쓰실 때 신해철 음악이 도움을 준 경우도 있습니까?

정 신해철 님 음악은 강렬하게 그리움을 자아내는 면이 있습니다. 바그너의 〈탄호이저 서곡〉 같은 북유럽 신화의 정서가 필요한 작품들이 있었는데요. 신해철 씨가 썼던 곡 중에서 그런 느낌의 곡들이 있습니다. 내 뇌 속에 있던 DNA, 몇만 년 전부터 나의 시원이 나를 부르는 듯한 느낌을 주는 곡이 있는데요. 그런 느낌이 필요한 작업을 할 때 바그너와 신해철의 음악을 들었습니다. 〈그대에게〉 같은 노래도 얼마나 좋아요? 작품 속에서 역사적인 연결 장치가 필요할 때 맞는 음악들이었습니다.

지 신해철 님 하면 가장 먼저 생각나는 장면이 있다면서요?

정 〈100분토론〉에 빨간 옷을 입고 나왔던 것이 생각납니다. 음악도 좋아하지만, 사회적 발언을 하는 신해철 님을 더 좋아하는데요. 연예인들이 사회 문제에 관해서 이야기를 하기 어려웠지 않습니까? 지금은 개념 연예인이라는 얘기들이 나오고 있지만, 당시만 해도 연예인과 시민의 한 사람으로서의 개인을 나눠서 생각하는 경향이 있었습니다. 기능적으로만 생각하는 거죠. 그때 연예인으로서 끝장날 우려에도 불구하고 〈100분토론〉에 파격적인 복장으로 나와서 파격적인 주장을 했던 것이 굉장히 인상적이었습니다. 공고한 편견들이 있어서 '가수면 노래만 해야지'라고 한가지 색깔로 규정하던 시절이었는데요. '프로크루스테스의 침대'인가요? 자신의 침대보다 작으면 키를 늘리고, 크면 다리를 잘랐다는 그리스 신화의 괴물. 그런, 편견에 큰 균열을 가진 존재가 신해철이 아닌가 생각합니다. 그건 독보적인 공헌이었죠. "나는 딴따라니까 이런 옷 입고 나왔다"고 당당하게 말했는데요. 사람들의 마음속에 있으나 뱉어내지 못하는 말을 대신 해주는 존재였다고 생각합니다. 연예인들에게는 더욱 강력한 윤리를 요구하는 것 같은데요. 거기에 맞서 연예인들을 대신해 목소리를 내줬던 것 같습니다.

지 마이크로 윤리의 시대라고 하나요? 연예인들이 사소한 잘못으로 한방에 몰락하는 경우들도 있었죠. 만약 트럼프 같

은 언행을 하는 사람이었다면 한국에서 연예인 활동을 할 수 있을까요? (웃음)

정 그렇겠네요. (웃음) 연예인들은 대중의 변덕 속에서 대중의 호감선에 머물러 있기 위해서 노심초사하는 것 같습니다. 살얼음판을 걷는 심정으로 활동하는 연예인들이 많을 텐데요. 신해철 님처럼 속 시원하게 말할 수 있는 연예인이 또 나왔으면 좋겠네요.

지 《높은 자존감의 사랑법》이라는 책에서 서태지와 신해철을 비교하셨잖아요. '서태지는 문제에 부딪혔을 때 좌고우면 하지 않고 뚝 부러져 버리는 스타일이고, 신해철은 상황을 파악한 뒤 현실에서 얻을 수 있는 최선의 결과를 모색하는 스타일'이라고.

정 두 사람은 1990년대를 양분한 슈퍼스타였잖아요. 어떤 인터뷰에서 신해철은 "서태지는 거침없는 낙오자고, 나는 고뇌하는 비겁자"로 표현했는데요. 두 사람의 유사점과 차이점을 정확하게 꿰뚫는 통찰이었던 것 같습니다.

지 저와 한 인터뷰에서 한 말 같은데요. (웃음)

정 그런가요? (웃음) 아무튼 두 사람은 친척 사이인데, 성격은 판이하게 다르죠. 그것을 분석해 조금 더 긴 글을 써보고 싶기도 합니다.

지 신해철 님 10주기가 10월 27일인데요. 그때까지 아니면 올해 내내 만나 뵙는 분한테마다 신해철 님에 대해서 여쭤볼까 합니다. 첫 번째 시간으로 정아은 작가님이 자리를 빛내주셨구요. 다음에 또 만나 뵙는 분이 있으면 들이대가지고, 신해철 님에 대해서 여쭤보도록 하겠습니다. 감사합니다.

케이블 채널 MBC Music 방송 출연 중에

배순탁

배순탁은 MBC 라디오 〈배철수의 음악캠프〉 작가이자 음악평론가이다. 방황하던 청춘기에 신해철과 윤상의 음악으로 위로받았고, 인터뷰를 통해 신해철을 처음 만나 인간적으로 감화되었다. 신해철이 타계하기 전인 2014년 〈배철수의 음악캠프〉 대타 DJ로 신해철이 참여하면서 1주일간 같이 일을 하기도 했다. 돌아가신 후에는 윤원희 여사의 청으로 신해철 거리를 조성하기 위한 펀딩을 주도하기도 하는 등 신해철을 위한 일이라면 발 벗고 나서고 있다. 이 인터뷰 역시 그런 차원에서 이루어졌다.

예전에도 없었고,
앞으로도 없을 뮤지션, 신해철

음악평론가 배순탁 님은 MBC 라디오 〈배철수의 음악캠프〉에서 작가로 활동하고 있으며, 여러 라디오 프로그램 고정 게스트로 음악을 소개하고 있습니다. 그리고 KBS 2TV 〈영화가 좋다〉 프로그램에서 '영화 귀감'을 진행하고, 유튜브 〈무비건조〉 패널로 활동하는 등 영화 쪽으로도 활약하고 있습니다. '한국대중음악상' 선정위원, 네이버 '이 주의 발견' 선정위원으로도 활동 중인 배순탁 선생님은 자신의 저서 《청춘을 달리다》에서도 밝혔듯 '신해철과 윤상의 지배를 받으며 감성을 키웠다'고 하시네요. 사모님인 윤원희 여사님의 요청으로 신해철 거리를 조성하기 위한 다음 뉴스 펀딩을 주도하기도 하셨고, 여러 기고 글을 통해 신해철 님을 잘 모르는 이들을 신해철 팬으로 이끌기도 하셨습니다. 엑스세대의 감성을 대변해 주신 배순탁 님의 설명을 통해 인간 신해철에 대해, 신해철의 음악적 성과에 대해 좀 더 알게 된 시간이었습니다.

지승호(이하 지) 쓰신 책 《청춘을 달리다》에서 '신해철과 윤상의 지배를 받으며 감성을 키웠다'고 하셨는데요. 그 음악들이 다른 음악과 무엇이 달랐나요?

배순탁(이하 배) 그전까지는 음악을 듣는다는 게 그냥 재밌는 것, 단순히 재밌고, 친구들이랑 "이런저런 음악 들어봤냐?"고 대화하는 종류의 것이었다면, 넥스트 이전에 신해철 솔로에서도 예를 들면 〈길 위에서〉 같은 음악들을 생각해 봤을 때 음악을 통해서 어린 나이임에도 내 인생에 대해서 생각해 보게 되고, 나의 미래를 한번 그려보게 되고, 그런 주제들이 많았잖아요. 남들이 정해놓은 이 길로 내가 가야만 할까, 하는 주제가 많았는데요, 신해철 씨 음악에. 사회가 정해놓은 틀에 내가 꼭 맞춰야 하는가 하는 주제들이 많았죠. 그런 것들에 대해서 처음으로 음악을 통해서 고민을 하게 된 것 같아요. 어떻게 보면 저의 인격 형성이라든가 이런 측면에서 처음으로 무게감 있는 영향을 준 아티스트라고 봐야겠죠. 그게 제일 큰 것 같아요.

지 소제목을 '세상과 불화한 인텔리겐치아 양아치'라고 쓰셨는데요. 적절하면서도 재밌는 표현이라는 생각이 들었는데요.

배 '인텔리겐치아 양아치'는 신해철 씨 스스로가 어디선가 했던 말일 거예요. 분명히 인텔리는 맞죠. 맞는데, 세상이 규범적으로 정하는 인텔리가 아니라 그것으로부터 항상 삐딱선을 타셨잖아요. 그런 측면에서 '양아치'라는 표현이 성립될 수 있을 것 같구요. 끊임없이 대한민국이라는 사회와, 이건 굉장한 용기라고도 말할 수 있는데요. 불화하기를 주저하지 않았잖아요. 신해철 씨의 인생을 통해서 볼 때, 저는 그 얘기 진짜, 어떤 분이 한 얘긴지는 모르겠는데요. 제가 좋아하는 명언 중 하나가 그거거든요. 뭐냐 하면, '공격받기를 두려워하지 않는 자야말로 정직한 자다'라는 표현이 있습니다. 사실 그런 어떤 감수해야 할 것들이 있잖아요. 내가 정직하기 위해서는. 내 스스로에게 정직하기 위해서는 어쩔 수 없이 받아야 하는 공격 같은 것들을 감수해야 하는 측면이 있는데요. 그런 것들에 대한 용기랄까, 이게 결국에는 세상과의 불화와도 맞닿아 있는 지점이구요. 그런 뜻에서 한 것 같아요.

지 스스로 떳떳하지 않으면 아무래도 남을 공격하기 주저하게 되겠죠.

배 그렇죠. 그런 것들이 사실 어떤 비겁한, 우리 모두 다 비겁한 인생을 어쨌든 살고 있는데요. 신해철 씨라고 왜 그런 면이 없었겠어요. 그럼에도 사회적 현안에 대해서 나서서 목소리를 낸다는 것은 결국에는 감당해야 할 것들을 내가 감당할 것이라는 자세가 필연적이잖아요.

지 '양아치'라는 표현에는 어떻게 보면 충분히 조직을 만들고 이럴 수 있는 분임에도 불구하고 친구는 만들어도 조직을 만들어서 뭘 도모하지 않았던 사람이라는 의미도 있는 것 같아요.

배 대학가요제 데뷔 전까지는 그래도 세상의 규율을 어느 정도 따랐던 사람이라고 볼 수 있겠죠. 그럼에도 끊임없는 스스로에 대한 자각이 있지 않았을까 싶어요. 음악을 좋아하고 이걸 하고 싶은데, 주변의 시선, 부모님의 반대, 이런 것들에 대한 고민 같은 것들을 통해서 자기 자신을 계속해서 각성시키고, 솔로곡들에서도 볼 수 있듯이 '나를 어떻게 하면 재탄생시킬 수 있을까' 하는 고민을 끊임없이 하셨던 것 같아요.

지 평론가적 자의식을 형성하는데 알게 모르게 영향을 줬겠네요.

배 그럼요. 어쨌든 저도 공부만 하는 삶을 살았는데, 결국에는 이 길이 맞는 것인가 하는 의문을 저한테 제공을 해 줬구요. 고등학교도 특수목적고를 갔어요. 외국어 고등학교를 갔는데, 거기에서도 쭉 보는데 어차피 다 동일한 길, 신해철 씨 음악의 영향을 받다 보니까 다 동일한 길을 걷고 있는 것 같은 거예요. 내 친구들이. 나는 뭔가 다른 삶을 살 수는 없을까, 하는 생각을 했구요. 마침 음악을 좋아하니까 음악 가지고 뭘 해 봐야 하는데, 아무리 생각해 봐도 뮤지션을 직접 할 용기까지는 없었어요. 그건 너무 큰 용기와 큰 시간과 엄청난 노력이 필요한데요. 물론 글 쓰는 것도 엄청난 노력이 필요하지만, 음악은 재능의 영역인 것 같구요. 여러 가지 복잡한 생각이 있다 보니까요. 음악 듣는 거 좋아하니까 음악 글을 진짜 많이 읽었거든요. 국내 외 가리지 않고. 그래서 음악에 대한 글을 한번 써봐야겠다고 생각했죠. 90년대가 마침 음악평론이 처음으로 대한민국에서 폭발했던 때잖아요. 강헌 선생님, 신현준 선생님, 임진모 선생님 등등 해서 음악에 대한 분석 글 같은 것도 그렇고, 사실 우리나라의 대중문화라는 것이 평론을 포함해서 폭발했던 시기가 90년대라고 할 수 있으니까 그런 꿈을 꾸게 된 것이 거슬러 올라가면 신해철 씨 영향이라고 분명히 볼 수가 있는 거죠.

지 　처음에 신해철 님 뵙게 된 것이 인터뷰를 통해서였다고 알고 있는데요.

배 　임진모 선생님이 하시는 《이즘》(IZM - 임진모 평론가가 만든 음악 웹진) 인터뷰를 통해서 뵙게 됐는데요. 엄청 긴장했죠. 여의도 MBC에서 했었는데요. 옆에서 2대1로 같이 인터뷰를 했어요.

지 　임진모 선생님과 같이.

배 　《이즘》 찾아가 보면 아직도 글이 있을 거예요.

지 　좋아하시던 분이라 만나셨을 때 조금 전에 말씀하셨듯이 긴장하셨다고 하셨구요.

배 　일단 그게 기억나요. 임진모 선생님께서 제가 신해철을 좋아한다는 것을 당연히 알고 있으니까 "집에 있는 CD를 다 가져와라. 그걸 놓고 하는 것이 아티스트에 대한 예의다" 그래서요. 저는 모든 앨범이 다 있었는데, 카세트테이프까지 가져가는 것은 오버인 것 같아서요. (웃음) CD만 챙겨가서 그 앞에 놓고, CD를 들춰보면서 인터뷰하다 보면 느낌이 다르니까요. 그 생각이 제일 먼저 나요.

지 아무래도 그렇게 좋아하던 분을 만나게 되면 실망하는 경우도 있을 수 있잖아요. 환상을 가지고 있다가, 그런 부분은 없었나요?

배 전혀 없었구요. 인터뷰하는 내내 제일 많이 든 생각은 뮤지션으로서의 위엄보다는 하나의 인간으로서의 매력 같은 것들이 훨씬 더 많이 와닿았던 것 같아요. 그러니까 고등학교 시절에 신해철 씨를 당연히 상상해 봤을 거 아니에요. 그러면 엄청난 카리스마, 말도 왠지 많이 안 할 것 같고, 하여튼 전반적으로 무겁다는 이미지가 있었는데요. 무겁고, 진중하고, 그런 이미지가 당연히 있었어요. 영웅이니까.

지 말 잘못하면 혼나겠다. (웃음)

배 그런 고정관념, 스테레오타입이 제 안에 형성되어 있었는데요. 직접 만나본 결과 훨씬 더 뭐라고 해야 할까, 가볍다는 의미가 아니라 그렇게 무겁기만 한 사람은 아니고, 그냥 충분히 즐겁게 대화할 수 있고, 굉장히 사고가 유연하고, 그런 점들을 훨씬 더 많이 느꼈던 것 같아요.

지 연예인이라면 보이는 모습과 실제 모습이 좀 다를 수 있는데, 그분은 그런 것이 없었죠.

배 그런 것들을 타파하는데, 저뿐만 아니라 많은 신해철 씨의 팬들이 그런 스테레오타입화 된 이미지를 가졌다고 보거든요. '우리가 그에 대해서 알고 있는 것은 일면에 불과하구나' 하는 어떤 깨달음을 준 것이 라디오 방송 같아요.

지 그렇죠.

배 라디오 DJ를 하면서 정말, 약간, 진짜 말 그대로 우리 옆집에 살고 있을 것 같은 큰형 이미지 같은 것들도 전달을 해줬으니까요. 라디오가 큰 역할을 하지 않았나 싶어요.

지 음악적으로도 위대한 음악을 많이 남기셨지만, 〈FM 음악도시〉나 〈고스트 스테이션〉을 통해서 상담을 해준다든지 하는 것을 통해서 젊은 세대에게 큰 위로를 줬는데요.

배 그때 신해철 씨 인터뷰를 보면 넥스트를 계속하는데, 팬들의 연령이 위아래로 계속 넓어지고 있다, 이것은 100% 라디오의 영향 같다는 말씀을 하신 적이 있으시거든요. 우연히 걸렸든 원래 신해철 씨의 팬이었든 간에 라디오를 접하고 나서 그분의 인간적인 매력에 끌린 사람들이 저 외에도 많았다고 봐야죠.

지 2014년도에 〈배철수의 음악캠프〉에 마왕이 1주일간 대타 DJ를 하셨잖아요. 그때 같이 일을 하셨는데요. 에피소드가 많을 것 같아요. 1주일간 같이 작업을 한 거니까.

배 작업을 같이 하는데, 일단은 굉장히 즐겁게 편하게 일했어요. 전혀 까칠한 것은 없었구요. 제가 직접 출연해서 음악을 설명하는 코너였는데요. 다시 재녹음한 버전, 《리게임》 앨범의 수록곡을 가져왔어요. 그러니까 보시면 무한궤도의 〈그대에게〉가 있고, 《리게임》에 수록된 〈그대에게〉가 있거든요. 그게 달라요. 《리게임》에 수록된 버전이 훨씬 더 신해철 씨가 추구하는 본령, 높은 사운드 완성도를 갖고 있다고 생각하기 때문에 이걸 틀었더니 굉장히 흡족해하시던 기억이 일단 나구요. 그리고 마침 그때 PD가 정찬형 국장님이었는데요. 〈고스트 스테이션〉 피디인데, 신해철 씨랑 굉장히 잘 지내셨어요. 신해철 씨랑 잘 못 지낸 PD도 많아요. 워낙 개성이 강하시기 때문에. (웃음) 일요일 3, 4부에 뭘 채워 넣어야 하는데 뭘 할까, 하다가 〈고스트 스테이션〉 방송 중에 골때리는 것이 있어요. 공자 나오고 '쇼빠 쇼빠 와 와' 하면서 하여튼 신해철 씨가 특집으로 만든 게 있습니다. (웃음) 기가 막히거든요. 그걸 그냥 내보냈어요. 진짜 폭발적인 반응이었던 기억이 지금도 납니다. 그리고 마지막에 회식하면서 이런저런 얘기 나누고, 언젠가 꼭 킹크랩 같이 먹자는 얘길 했었는데요. 결국엔 못 먹었죠.

지 해철 님이 같이 일을 하고 배짱이 맞는 분한테는 뭘 같이 먹자는 말씀을 잘하시는데요. 그게 마지막 인사인 경우가 많더라구요. 2014년이 의욕적으로 활동을 재개하려고 하셨던 시기고, 그때 같이 1주일 동안 있으셨는데, 그해에 돌아가셨잖아요.

배 아이러니한 게 얼마 전에 배철수 선배님이 휴가 때 제가 스페셜 디제이를 이틀 했는데요. 2014년에 리부트 앨범이 나왔잖아요. 거기에 〈단 하나의 약속〉이라는 곡이 너무 의미심장한 것 같아요. 제 기억에.

지 마지막 곡이었죠.

배 그렇기도 하고, 다 괜찮으니까 건강하라는 메시지잖아요. 그래가지고 그 곡을 마지막 곡으로 얼마 전에 틀었어요. 그런 것들이 참, 그렇죠. 하필이면 마지막 앨범의 마지막 곡이 건강에 대한 얘기라는 것이.

지 '이분하고 같이 작업을 해보고 싶다'는 생각을 많이 하셨을 것 같은데요.

배 당연히 라디오 디제이로서는 초일류니까요. 같이 한번 해 보고 싶다는 생각도 하고, 글도 신해철 씨에 대한 글을 본 격적으로 쓴다면 여태 계속 관계를 이어갈 수도 있지 않을까 하는 생각도 하고, 당연히 많은 생각을 하게 됐죠. 그런데 그 뒤에 여사님 부탁으로 다른 일을 하긴 했습니다. 여사님께서 개인적으로 부탁을 하셔서 신해철 거리를 조성할 때 펀딩할 때, 다음(DAUM)에 아직 글이 남아 있을 거예요.

지 다음 뉴스 펀딩이요?

배 사회 각계각층 분들이 글을 보내주셔서 시리즈로 연재한 것이 있거든요. 그거 섭외를 제가 다 했어요. 인터뷰도 제가 다 하고, 인터뷰를 바탕으로 글도 제가 다 쓰고, 그걸 제가 했었어요. 전화로 인터뷰를 해서 하현우 씨라든지, 윤도현 형이라든지, 김제동 씨도 했고, 진중권 교수님도 했고, 진 교수님은 글을 직접 보내주셨구요. 글을 안 쓰시는 분들은 제가 녹음을 해서 녹취록을 풀어서 제 글을 포함해서 다 작업을 했는데요. 그게 아마 거리 조성하는데 쓰였던 것으로 알고 있구요. 두 번째는 KT에서, 그것도 윤 여사님 통해서 연락이 왔는데요. AI 라디오 이런 것들을 만드는데, 그게 지금 어디 나와 있을지 모르겠는데요. 신해철 씨가 했을 법한 원고를 써달라고 해서.

지 빙의되어서. (웃음)

배 아무리 생각해도 저는 인디밴드 얘기를 해야겠더라구요. 인디밴드, 얘기를 썼어요. 음악의 다양성, 그리고 인디밴드 이런 것들은 신해철 씨가 〈고스트 스테이션〉을 통해서 항상 이야기하던 거니까요.

지 인디밴드들을 지원도 하고.

배 정치적인 얘기를 거기서 하는 것은 말이 안 되고, 음악 얘기를 해야 하는데, 그게 제일 맞겠다 싶더라구요. AI로 신해철 씨 목소리를 만들어서 라디오 진행을 하시는 것처럼 만들었는데요. 꽤 시간이 지났거든요. 찾아보시면 나올 거예요. 그때도 너무 똑같아서 약간 소름이 돋았어요. 지금은 기술이 더 발전했으니까 더 비슷하겠죠. 윤리적인 문제를 떠나서 굉장히 놀랐던 기억이 있습니다.

지 사시는 동안 신해철 님과 관련해서 감성적으로 생각될 만한 장면들이 많았더라구요. 막차가 끊겨서 한 시간 동안

《정글 스토리》를 들으면서 비를 맞으면서 집까지 걸어가셨던 기억도 있으시고요.

배 아직도 생생하게 기억나죠. 당시 집이 굉장히 안 좋았었는데요. IMF 때문에. 차가 끊겨서 길음역에서 수유리 장미원까지 꽤 멀어요. 장마 기간이었거든요. 저는 《정글 스토리》 앨범, 사실 그 앨범은 일종의 사단 개념의 앨범이라고 볼 수 있잖아요. 물론 신해철 씨든 신중현 선생님이든 '이게 내 사단이야' 하신 적은 없지만. 김도균 씨도 참여하고 등등 해서 신해철 사단이라고 할 수 있는 그런 개념의 앨범인데요. 신해철 씨의 가장 큰 음악적인 재능이라고 해야 하나, 그것은 결국에는 음악적인 도전을 하는 와중에서도 멜로디가 좋은 곡들을 뽑아내는 능력이라고 생각하거든요. 그런 측면에서 신해철 씨의 《정글 스토리》 앨범은 신해철 씨 디스코 그라피 가운데 그 기준으로 보면 최고가 아닌가 하는 생각을 합니다.

지 음악적으로도 굉장히 다양하지만, 여러 가지 생각할 만한 주제를 담고 있는 것 같습니다. 〈70년대에 바침〉〈절망에 관하여〉 등등.

배 거기에 생기발랄한 댄스곡도 있고 말이죠. 장르적으로도 다양하구요. 멜론에 제가 쓴 글이 있는데요. 최고 앨범이라고 생각해요. 그거하고, 넥스트 3집 《월드》(《The Return of N.EX.T Part 2 World》 이하 《월드》) 앨범하고.

지 저도 《월드》 앨범을 굉장히 좋아하는데, 넥스트 2집 《The Return of N.EX.T Part 1 The Being》(이하 《비잉》)을 높이 치는 경우가 많더라구요.

배 물론 텍스트라는 게 아티스트의 곁을 떠나서 세상에 나오면 더 이상 그 아티스트의 해석을 벗어난, 듣는 사람들의 영역이 되는 것은 일종의 상식인데요. 《비잉》도 멜론에 쓴 것이 있는데요. 100대 명반에 뽑혀가지고. 저는 100대 명반에 그게 뽑혀서 썼는데, 저는 《월드》를 더 좋아하거든요. 그런데 그 앨범이야말로 신해철 씨가 꿈꾸던 드림팀의 첫 번째 결과물이잖아요. 《비잉》 같은 경우는 베이스도 신해철 씨가 다 치고, 드러머도 늦게 합류하고, 이런 여러 가지, 하나의 어떤 생명체로서 작동되는 밴드의 결과물은 아니거든요. 사실. 그런데 결국에는 파괴력인 것 같아요. 뭐냐 하면 공백기가 있으셨잖아요. 1집인 《홈》과 《비잉》 사이에 대마초로 인해서 공백기가 있으셨는데요. 군대 문제도 있었고요. 그런데 〈껍질의 파괴〉가 줬던 충격 때문인 것 같아요. 그 누구도 그렇게까지 강력한 곡이 나올 거라고는 아무도 상상을 못 했던 것 같아요. 첫 타격이 너무 거대했던 것 같습니다. 임팩트가 너무 거대했는데, 〈날아라 병아리〉 같은 곡도 있네. 이게 진짜 컸던 것 같아요. 그런데 마지막은 〈디 오션〉으로 끝나고, 곡이 줬던 힘이라는 측면에서 결국에는 그 전작과 비교했을 때 엄청난 충격을 줬죠. 《홈》도 훌륭한 앨범이긴 하지만요. 상상도 못 할 수준의 강력함으로 후려친 다음에, 〈날아라 병아리〉 같은 그런 어떤 아름답지만 슬픈 발라드도 있고, 신해철 씨도 파트 원, 투를 함께 냈어도 마지막 곡은 〈디 오션〉이라고 말했었죠.

지 《노 댄스》 앨범을 들으셨을 때는 어떤 생각이 드셨나요? 신해철, 윤상 두 분이 음악적 결이 비슷한 분은 아닌데, 같이 앨범을 내셨잖아요.

배 제 생각에 제일 중요한 포인트는요. 신해철 씨와 윤상 씨는 물론 음악 장르라는 측면에서 보자면 조금 다른 길을 걷고 있다고도 볼 수 있지만, 결국에는 대중음악의 역사를 통틀어서 설명을 해도 대중음악의 역사를 아주 급격하게 바꿔오고 변화의 물결을 주도한 것은 사실 기술의 발전이거든요. 그런데 최신 기술, 최신 테크놀러지를 대하는 자세에 있어서만큼은 두 분이 동일했다고 봐요. 그리고 그것을 특정한 어떤 악기로 표현하자면, 이게 악기라고 할 수는 없고, 기계지만, 신시사이저에 대한 어떤 도입이라는 측면에서 두 분이 동일하게 당대의 최신을 주도했었고, 이런 점에 어떤 공통점, 이런 측면에서의 공통점이 전곡을 말 그대로 전자음으로 만든, '노 땐스 프로젝트'로 이어지지 않았을까 하는 생각을 하게 되는 거죠. 어릴 때는 이런 것을 모르고 들었어요. (웃음) 나중에 돼서야 아는 거지, 그때는 어떻게 알아요? 고등학교, 대학교 때인데.

지 이번에 MBC에서 추모 다큐멘터리 제작한다고 들었는데요. 참여하시나요?

배 그냥 인터뷰이로 참여하는 거죠. 《노 땐스》 앨범은 사실 크게 주목은 못 받았지만, 다른 앨범들에 비해서 상업적인 성과가 높다고는 할 수 없는데요. 그럼에도 신해철 씨의 어떤, 항상 기술적인 어떤 음악 테크놀러지라는 측면에서 그런 고민을 항상 하셨잖아요. '우리는 왜 외국처럼 사운드가 안 나올까?' 그 고민을 담아낸 결과물 중의 하나라고 볼 수 있겠죠. 그래서 결국 영국 유학까지 가시게 된 거구요.

사실 70, 80년대에 대중가요, 우리 가요와 90년대의 대중가요의 가장 큰 차이는 다른 것을 다 떠나서 사운드라고 생각하거든요. 70, 80년대까지는 80년대 말의 조용필 선생님 정도를 제외하면 한국 가요에 사운드가 만족할 만한 수준이 아니었습니다. 세계적인 흐름에 비춰봤을 때 많이 떨어졌잖아요. 90년대에야 비로소 사운드적인 어떤 성취라는 것을 외국과 근접하게 올린 몇 명이 있는데요. 딱 세 명인 것 같아요. 신해철, 윤상, 이승환.

지 신해철 님 음악을 청자로서 들어오셨고, 평론가로서 분석도 하셨는데요. 2014년 이후에도 생존하셨다면, 예상을 해본다면 이분이 음악적으로 어떤 활동을 이어갔을 거라고 생각하시나요?

배 투 트랙으로 가셨을 것 같아요. 넥스트 유나이티드라고 이름 붙인, 그러면서 결국에는 제일 또 우리가 감동받는 포인트가 언제나 록밴드 후배들, 악기 연주하고 열심히 하는 친구들을 어떻게든 세상의 빛을 보게 해주려는 의도가 있으셨잖아요. 제가 썩 좋아하지 않는 말이지만, 선한 영향력을 발휘하려고 하셨잖아요. 그게 넥스트 유나이티드라는 개념으로 하려고 하셨다가 본격적인 출발을 못 하신 거구요. 다른 하나는 끊임없는 스튜디오에서의 실험을 통한 자신의 솔로작, 사실 〈A.DD.A〉 같은 곡이 미친 곡이거든요. (웃음)

지 그렇죠. (웃음)

배 약간 스튜디오 도라이만이 할 수 있는 결과물인데요. 결국에는 항상 제가 거기도 썼지만, 아티스트에게는 자기만의 공간이 있어야 하는 것이고, 뮤지션에게는 그 공간이 스튜디오잖아요. 스튜디오에서의 실험을 극한으로 끌어올리는 작업들, 이런 것들을 계속해서 하시지 않았을까, 그게 제일 중요한 작업이지 않았을까, 싶어요.

지 음악 역사에서 신해철이라는 뮤지션을 규정한다면 어떻게 하시겠어요?

배 아, 음악 역사에 있어서의 신해철? 그건 제가 좀 더 생각해볼게요.

지 《정글 스토리》와 《월드》 두 앨범을 꼽으셨는데요. 개인적으로 좋아하시는 곡은 어떤 곡인가요?

배 저는 일단 그 얘기는 꼭 하고 싶은데요. 이것은 제가 명백하게 얘기하고 싶은데, 전람회 1집을 전람회 때문에 산 사람은 제 주변에 아무도 없어요. 단 한 명도 없어요. 다른 데서는 어떤지 모르겠어요. '신해철이 프로듀서 했대' 그 기사를 읽고 다 샀어요. 1번 곡이 〈기억의 습작〉이에요. 그리고 신해철 씨가 〈세상의 문 앞에서〉에서 코러스를 넣었는데, 그것도 기가 막혀요. 재즈곡에서도 '돈 걱정은 니들이 하는 게 아냐' 외친 그 모든 것들이 신해철 씨의 영향이라고 할 수 있을 것 같구요. 어쨌든 멜로디는 신해철 씨가 썼으니까. 저는 《정글 스토리》에서 김세황 씨의 기타 연주, 메인 테마, 역사에 남을 기타 연주라는 생각이 들구요. 〈러브 스토리〉에서의 이상하게 미진했던 그 아쉬움을 완벽하게 채워준 그런 곡이 아닐까 싶습니다. 솔로 앨범들 중에서는 저는 《길 위에서》 같아요. 그리고 한 곡 더 꼽자면 《월드》에서 저는, 아니다 그래도 곡으로 꼽자면 〈껍질의 파괴〉 같아요. 《월드》 첫 곡 〈세계의 문〉도 대단했고, 작정하고 만든 티가 확 나잖아요. '내가 지금 우리나라에서 연주 제일 잘하는 세 명이랑 같이 한다. 각오해라. 니들' 약간 그런 느낌이 나잖아요. (웃음)

지 종합선물세트 같은 앨범이죠. 주제도 다양하고.

배 〈호프〉를 듣고, 많은 힘을 얻었던 것 같아요.

지 10주년 추모 공연이 빛의 속도로 매진되긴 했지만요. 사회 전반적으로 볼 때는요. 제가 신해철 님을 너무 좋아해서 그런지는 모르겠지만, 추모 열기라든지, 기억하려고 하는 여러 가지 부분들이 좀 부족하지 않나 하는 생각이 들거든요. 전직 대통령님들과 비교할 수는 없겠지만, 아직 다큐 영화 한 편이 안 나온 부분도 아쉽구요.

배 그런 시대사적 분위기가 없을 수 없겠죠. 지금 현재 전체적인 상황적 맥락하고의 연관성이 분명히 있을 것 같구요. 그럼에도 선생님처럼 책으로 준비하시는 분들도 있고, 다큐멘터리 준비하시는 분들도 있고, 또 뭔가 준비가 되고 있다고 들었는데요.

지 SBS 〈과몰입 인생사〉에서도 준비하고 있다고 하더라구요.

배 그것도 제가 인터뷰했어요. 그런데 언젠가는 좀 제대로 된 다큐멘터리 한 편이 나왔으면 좋겠다는 바람을 저도 좀 갖고 있는데요. 자료를 찾고 아카이빙하는 것이 만만치 않겠죠. 극장에서 걸릴 수 있는 어떤 다큐멘터리. 그게 왜냐하면 남겨 놓은 자료들이 얼마나 있을까, 그게 일단 관건이잖아요. 그런 것들을 외국에서처럼 팀화, 완전히 조직화해 가지고, 외국은 일단 다 찍잖아요. 나중에 다큐멘터리 소스로 활용할 수가 있는데요. 그걸 얼마나 해놓으셨을지 모르겠어요.

지 제 생각인지는 모르겠지만, 한국이 정치 영역보다는 문화 영역을 과소평가하는 영향도 있지 않나 하는 생각도 들거든요.

배 그렇죠. 〈과몰입 인생사〉도 그랬지만, 신해철 씨의 음악적인 성취 이런 것들을 좀 더 얘기를 많이 했으면 좋겠어요. 아무도 나서지 않는 토론에 나서서 정말 그 누구도 용기를 내지 못한 영역에서 자기 목소리를 내신 분이지만, 진짜 저는 예전에도 〈선미네 비디오 가게〉에서도 얘기했지만, 이런 뮤지션은 대한민국에서 두 번 다시 안 나올 거라고 거의 확신하거든요. 왜냐하면 갈수록 더 뮤지션들이, 아이돌도 뮤지션이니까요. 뮤지션들이 연애하는 것도 얘기 못 하는 세상에서, 감히 무슨 얘길 하나요? 세상이 더 그렇게 되어 가고 있기 때문에 이런 형태, 정말 그 누구도 내지 못한 용기를 낸 뮤지션은 아무리 생각해도 앞으로 안 나올 것 같아요.

지   지금 만약에 살아계시면 엄청나게 분노하실 일이 많겠죠.
배   2014년 솔로 앨범 있잖아요. 그 앨범이 더 의미 있다고 봐요. 그 앨범은 EP지만 너무나도 완성도가 훌륭했고, 단지 사회적인 메시지만 계속해서 던지는 그런 형태의 어떤 사회적 메신저로서의 역할이 더 커진 게 아니라 '아, 이 사람은 진짜 뛰어난 음악가다'라는 것을 분명하게 보여준 앨범이라는 측면에서 2014년 앨범이 훌륭하다고 봐요.

지   사회적 목소리를 내면.
배   뮤지션이 음악이나 하지.

지   이분은 실제로 음악도 앞서가는 음악을 하셨고, 음악만 할 수 있다면 평생 사치를 누리지 않겠다는 약속을 지키셨는데요. 쭉 말씀을 해주셨는데요. "그에게 배운 것들이 참 많아 감사 인사를 전하고 싶다"고 표현하셨는데요.
배   되게 어린 마음에 인생, 삶에 있어서 내가 택할 수 있는 길이라는 것이 하나만 있는 것이 아니라는 첫 깨달음을 주셨던 분이라고 할 수 있겠구요. 그게 저한테는 일단 가장 큰 영향, 첫 번째 영향이라고 할 수 있겠구요. 두 번째로는 음악이라는 것을 통해서 아니면 그분의 어떤 행동, 사회적 발언 이런 것들을 통해서 큰 힘을 얻었던 것 같아요. 메시지라는 측면에서. 당대를 고민하고, 더불어서 내 후대에게 어떻게든 기회를 열어주려고 하고, 이러한 태도를 갖고 있는 사람이 우리 곁에 있다는 것에 대해서 많은 힘을 얻고, 그런데 그 사람이 또 라디오에서는 마치 옆집 친형처럼, 멀리 있는 존재가 아니라 마치 가까이 있는 옆집 친형처럼 우리를 대해주고 한다는 그런 것들에 대해서 감사한 마음이 들 수밖에 없고, 이런 것들이 지금도 많은 팬들이 신해철 씨가 살아 있었다면, 이라는 헛된 가정을 하게 하는 가장 큰 이유가 아닐까 생각합니다.

지 신해철 10주기를 맞아서 여러 가지 생각이 드실 텐데요. 신해철 님한테 어떤 말씀을 해주시고 싶으신가요?

배 시간을 돌릴 수만 있다면 2014년에 같이 라디오를 했을 때 정말 이것은 농담도 아니고, 시간을 돌릴 수만 있다면 "병원을 바꿔보라"고 얘기를 했겠죠. 이 생각을 한 사람 많을 거예요. 하지만 그건 너무나도 말이 안 되는 가정이구요. 우리나라의 대중음악계에 진짜, 메인 스트림에 이토록 진정한 의미에서의 대안을 보여준 뮤지션이 있나, 사실 90년대의 댄스 열풍 속에서 록밴드가 텔레비전에 나와서 엄청나게 헤비한 음악을 하고, 그러면서도 음악적인 측면에서 끊임없이 당대의, 물론 댄스 음악도 당연히 하셨지만, 그런 것들, 당대 주류 내에서도 끊임없이 대안적인 음악을 제시하면서도 제일 중요한 것이, 상업적 성공을 일궈내고, 사실 메인 스트림 뮤지션에게는 이게 중요하잖아요. 그러면서도 우리 사회에 이런 대안들이 충분히 있을 수 있다는 목소리도 내셨구요. 여러 가지 측면에서 우리 사회가 획일화되고 평준화된 사회라는 비판은 아주 오래전부터 있었잖아요. 그리고 어떤 측면에서 지금 많이 개선되긴 했지만, 그러한 것들이 여전히 남아 있는 측면들이 있단 말이에요. 여전히 강경하게 유지되는 곳들도 굉장히 많구요. 그런 것들에서 음악 외의 부분에 있어서도 이런저런 대안의 목소리를 끊임없이 메인 스트림 무대를 통해서 냈던 것이 1990년대의 신해철 씨의 역할이라고 한다면 음악과 음악 외의 활동 모두에서 정말 중대한 대안을 우리에게 보여준 것 같아요.

지 아까 말씀하신 것처럼 그런 유형의 뮤지션, 아티스트가 앞으로도 존재할 수 없을 것 같다는 말씀에 100% 동의하는데요. 그래서 어쩌면 '신해철 정신'이라는 것을 각자 자기 영역에서 한 사람씩 전파를 해야 한다는 생각이 듭니다. 선생님도 신해철이라는 존재가 어떤 존재였는지 각인시키고자 선생님이 할 수 있는 영역에서 계속해 오셨는데요. 앞으로 신해철을 기억하기 위해서 어떤 활동을 더 해야겠다는 계획을 가지고 계신 것이 있으신가요?

배 모르겠어요. 신해철 씨를 만나본 결과 제 생각에는, 그분은 그냥 어떤 이념적인 인물은 절대 아니었다는 것이 제일 중요해요. 저한테는.

지 휴머니스트였죠.

배 휴머니스트고, 인본주의자고, 그러니까 우리 편은 무조건 옳다, 식의 사고방식을 갖지 않았었던 분이기 때문에 그게 저한테는 가장 중요한 것들로 남아 있는 것 같아요. 그러니까 결국에는 내 주변 이웃들과 그리고 내가 지금 사랑하는 사람과 이런 것들에서 최선이 어떤 것일까를 고민하는 입장인 것이지, 거기에 이념적인 필터를 거쳐서 그 결과가 도출된 것이 아니라는 거죠. 그분이 얘기하는 것이. 그런 점들에서 저는 신해철 씨의 정신이 저는 가장, 명백하게 계승되어야 할 영역이 아닌가, 라는 생각을 좀 많이 하게 되는 것 같습니다. 요즘 들어서 더더욱.

지 진보 진영 사람들한테 젊은 사람들이 실망한 것 중 하나는, 아름다운 말을 하는데 알고 보니 그렇게 살지 않았던 부분도 있었구요. 말은 공적인 마인드가 있는 것처럼 했지만 그런 것이 없는 경우가 많았던 것 같은데요. 신해철 님은 공동체를 위한 마음이 있었기 때문에 사람들이 좋아했던 것 같습니다. 어떤 조언을 해도 '저 사람이 진짜 나를 위해서 얘기하는구나' 그런 생각이 들지, 공허한 마음이 들지는 않았던 것 같습니다. 그래서 신해철을 사랑했던 것 같구요.

배 저는 그러니까, 세상에 대해서 얘기하는 목소리라는 측면에서 봤을 때 결국에는 공허한 어떤 구호나 수사처럼 들리지 않았다는 거죠. 신해철 씨의 얘기가. 그런 것들이 사실 제일 중요한 것은 이념적인 필터를 통과하지 않았기 때문이거든요. 그 사람의 마음에서 바로 나왔던 말들이기 때문에 사람들이 더 그렇게 느끼셨던 것이 아닐까, 그렇게 생각합니다.

지 〈배철수의 음악캠프〉 작가를 오래 하셨는데요. 배철수 선생님과 신해철 님과 어떤 접점이 있었나요?
배 친한 선후배 사이라고 볼 수 있겠죠. 그런데 개인적으로 만나시고 그런 것은 없으셨던 것으로 알고 있습니다. 당연히 가요제 출신이기도 하니까, 가요제 후배죠. 그리고 밴드 후배고.

지 책을 읽어보니까 글을 너무 재밌게 잘 쓰시던데요. 책을 왜 자주 안 내시나요?

배 이제 나와요. 10월에 번역 책 나오고, 내년에 제 책이 나옵니다.

지 개인적인 계획엔 어떤 것이 있으신가요?

배 저는 대학원 다니고 있는데요. 이번 학기에 졸업하고, 강의하는 것을 좋아하기 때문에 대한민국에서 강의를 하려면 대학원을 최소한 수료해야 하거든요. 안 그러면 법적으로 안 돼요. 대학원 다니고 있고, 대학원 졸업하고, 이미 책 마무리한 것이 세 권 있어서요. 10월에 나오고 내년 초에 두 권 나오고, 일단 거기까지구요. 계속해서 여기저기 글 쓰고, 강의하고, 그럴 생각입니다.

지 바뀐 부분이 있긴 하지만, 여전히 한국에서는 학위를 원하더라구요. 선생님은 이미 공적인 활동을 많이 하셨는데요.

배 아니, 예전에 장정일 씨가 대표적이잖아요. 대학교수를 맡기려고 했는데, 어라, 학위가 없네. 그런데 누가 또 장정일을 가르쳐요? (웃음) 그래서 결국 대학교수 못 했잖아요. 말이 안되는 거죠. 저는 하찮은 거구요.

지 오다 보니 플래카드가 붙어있는데, '손석희 석사 논문 표절 의혹' 이런 게 있더라구요. 사실 손석희가 언론학 교수 자격이 없다고 하면…. (웃음)
배 충분히 자격이 있으시죠.

지 10주년 맞아서 신해철 님 팬들한테 한 말씀 해주십시오.
배 저는 되게 단순한 얘긴데요. 〈단 하나의 약속〉에서처럼, 신해철 씨가 결국에는 물론 그것은 아마 윤원희 여사님이나 자신의 자식들을 염두에 두고 쓴 곡이겠지만, 모든 곡이 당연히 나의 얘기로 받아들여질 때 더 소중한 거잖아요. 저도 큰 병이라기보다는 수술을 받았는데요. 그러고 나서 깨달았어요. 정말 신해철 씨가 〈단 하나의 약속〉에서 얘기한 것처럼 우리나라가 사실 정신에 대한 과대평가를 하는 구석이 있는데요. 아마 군사 문화의 잔존이라고 볼 수 있겠죠. 그런데 정신력 발휘도 건강해야 발휘되는 것 같아요.

지 기본적인 체력이 돼야.

배 글 쓰는 것도 건강해야 쓸 수 있거든요. 책상에 오래 앉아 있을 체력이 안 되면 글도 못 쓰는 거죠. 그런데 '정신만 차리면' 어쩌고저쩌고, 정신력이 중요하다고 하는데요. 신해철 씨가 노래하신 것처럼 건강하시기를 꼭 바라고 싶어요. 결국에는 신해철 씨가 우리에게 바랬던 것은 거대한 것이 아니라고 생각해요. 내 주변 사람들한테 잘하는 것, 그냥 거대한 어떤 이념에 봉사하는 것이 아니라 내 주변 사람들에게 최선을 다하고 정말 따뜻하게 대해주는 것, 정말 저는 이거였다고 생각합니다. 딱 이 두 개면 충분하지 않을까 하는 생각이 듭니다.

지 오늘 좋은 말씀 많이 해주셔서 감사합니다.
배 언제든 궁금하신 것이 있으시면 전화나 카톡으로 물어봐주십시오.

작업실에서, '불새' 심벌로고에 둘러싸여

전상일

전상일은 신해철과 넥스트 2집 앨범 디자인 작업을 통해 인연을 맺었다. 서로가 5차원임을 한눈에 알아본 두 사람은 한때 신해철의 집에서 동거하기도 하면서 우정을 쌓아나갔다. 넥스트와 신해철의 솔로 프로젝트의 앨범 비주얼 작업을 도맡아 온 전상일은 신해철의 음악을 시각화하는 데 큰 공을 세웠다. 넥스트를 상징하는 '불새' 디자인도 그의 작업이다. 영화감독의 꿈을 가지고 있는 그는 영화 작업의 좌절로 인해 건강상의 문제가 생기기도 했지만, 신해철에 관한 일이라면 뭐든지 하겠다고 말했다. 신해철과 팬들 때문에라도 관련된 디자인 작업을 이어 나가고 싶어 하는 그에게 귀인이 나타났으면 좋겠다.

해철형과 관련된 일이라면
무엇이든 하고 싶어요

콘셉트 앨범은 싱글들을 모아 앨범을 만드는 것과 달리 앨범 전체가 하나의 통일성을 가지고, 하나의 관통되는 주제로 연결된 앨범을 뜻합니다. 주로 핑크플로이드나 예스 같은 프로그레시브 록 그룹들의 앨범들이 콘셉트 앨범 형태로 발매되었죠. 음악이나 가사뿐만 아니라 앨범 재킷 디자인 등까지 포함해서 종합적으로 통일된 예술성을 표현하는 것을 목표로 합니다. 핑크플로이드의 《Dark side of the moon》 같은 앨범이 대표적인 앨범이라고 볼 수 있을 텐데요. 한국에서 콘셉트 앨범을 지향하고 제대로 구현해 내는 데 성공한 최초의 아티스트는 N.EX.T라고 볼 수 있을 것 같습니다. 2집《The being》은 인간의 존재에 대해서, 3집《The World》는 우리가 살고 있는 세상에 대해서 다양한 음악을 담고 그것을 통해 하나의 세계관을 보여주고 있습니다. 거기에 더불어 신비스러운 앨범 재킷을 선보였는데요. 그것을 구현한 이가 전상일 시각공작소의 전상일 대표입니다. 그룹의 상징인 '불새' 디자인을 비롯해서 넥스트의 음악을 비주얼화하는 데 있어서 그 공을 빼놓을 수 없는 분이죠. 핑크플로이드에 있어서, 힙노시스나 예스에 있어서 로저 딘 같은 존재가 전상일 겁니다. 그래서 전상일 대표님에게 같이 작업을 하면서 느낀 생각, 인간 신해철의 모습 등을 여쭤보았습니다.

지승호(이하 지) 처음에 앨범 디자인 아트웍을 하시게 된 계기가 있으신가요?

전상일(이하 전) 특별한 계기는 없었구요. 당시만 해도 음반 재킷 디자이너라는 개념이 거의 없었구요. 아주 예외적인, 산울림이나 이런 앨범 빼놓고는 가수 사진을 커버에 넣는 것이 일반적이었잖아요. 제가 맨 처음 했을 때가 1993년, 94년 이때였어요. 저는 원래 영화감독을 하려고 했었어요. 그 전에 여러 가지 다양한 경험을 어릴 때 해보고 싶었죠. 음반 재킷은 당연히 저의 관심사 중 하나였는데요. 제가 청소년기에 듣던 음악이 그 당시 청소년들이 많이 좋아하던 음악이 아니어서요. 그때는 레드제플린이 최고다, 딥 퍼플이 최고다, 하고 싸우던 시절이었는데요. 저는 반젤리스나 장 미셸 자르를 좋아했고, 루이치 사카모토는 YMO(옐로 매직 오케스트라) 시절부터 좋아했었구요. 아트 오브 노이즈 이런 분들을 좋아했거든요. 그런데 그런 분들의 음반 재킷이 대부분 예술적이었어요. 그리고 무엇보다도 그런 음악은 뭔가 이미지가 머릿속에 떠오르잖아요. 그런 분들의 음악은 단순히 테크노라고 볼 수도 없고, 뉴에이지라고 하기에는 폭이 너무 넓고, 테크노에서부터 클래식까지 아우르는 범주를 갖고 있기 때문에 들으면서 영상에 대한 상상을 많이 했었습니다. 상상의 일환으로서 오디오로 들은 것을 내가 비주얼로 만들어 낸다는 것에 대한 재미를 느꼈죠. 첫 의뢰 자체가 너무 동떨어지거나 재미없는 팀이었으면 제가 안 했을 거예요. 그런 일 하던 사람도 아니었구요. 첫 의뢰를 두 개를 동시에 받았어요. 넥스트 2집하고, 015B 라이브 앨범. 사실 재킷 디자인할 때 라이브 앨범은 중요도나 이런 것이 떨어지거든요. 라이브 현장 사진이 중심이기 때문에. 그런데 먼저 내보내야 하는, 마감이 먼저인 일은 015B 라이브였구요. 어쨌든 거의 동시에 작업을 했습니다. 의뢰받은 것도 그냥 우연히 아는 사람을 통해가지고 건너 건너서 "한번 해볼 생각 있냐?"고 해서 제가 작업한 것을 보여주니까 같이 하자고 했어요. 굉장히 어렵고 특이한 운명적인 사건이 있었던 것은 아니었구요. 당연히 자연스럽게 015B는 라이브 사진 중심이니까 저한테는 별로 재미가 없었구요. 음악은 좋아했지만. 넥스트 작업은 음악을 들어보니까 이건 한국 스케일이 아니더라구요. 그 당시로서는. 깜짝 놀랐어요. 신해철 씨는 〈그대에게〉를 부른 아이돌과 뮤지션 사이를 왔다 갔다 하는 정도로만 생각하고 있었는데요. 그 앨범 딱 들으니까 어, 이건 외국 앨범에 견주어도 손색이 없을 만한 오리지널리티도 있고, 물론 다른 뮤지션들한테 영향은 받았다손 치더라도 카피와 레퍼런스 내지는 오마주와는 다른 거잖아요. 그래서 의욕적으로 작업을 했죠. 저는 원래 학부 때는 광고 디자인, 그래픽 디자인을 전공했기 때문에 어떤 회사의 또는, 어떤 그룹의 의뢰를 받으면 그것의 심벌로고를 그리는 것이 습관화되어 있어요. 그런데 넥스트의 심벌로고가 없다는 거예요. 그래서 이해가 안 갔어요. 가령 예스라든지, 프로그레시브 록 그룹을 떠올렸을 때 로저 딘의 아름다운 아트웍도 있지만, 심벌로고도 떠오르잖아요. 그런데 아니 심벌로고가 왜 없어, 그걸 각인시켜야지. 그래서 심벌로고를 만들겠다고 했습니다. 그런데 그 당시만 해도 그것에 대한 페이가 형편없었어요. (웃음)

지 아무래도 생각하고 있지 않던 작업이라.

전 심벌로고를 왜 만들어야 해? 회사나 만드는 거 아냐, 이런 식으로 매니저들이 생각을 하더라구요. 그래서 책정된 것이 없다고 해서 "됐다. 내가 그냥 만들어 주겠다"고 했어요. 그래서 넥스트 심벌로고에 대한 특허권, 디자인 권리가 저한테 예속되어 있어요. 아무튼 그래서 만들기로 했는데, 신해철 씨는 그런 앞뒤 사정을 잘 모르고, 만들어 준다니까 좋은 거죠. 심벌로고를 만들어야겠다고 생각을 하고 있지는 못했었는데, 제가 만들어 준다니까 그제야 '심벌로고 하나 있으면 멋지겠다'는 생각이 든 거예요. 그다음부터 이 인간의, 이렇게 표현하는 것은 서로 친했기 때문에 얘기하는 겁니다. 고달픈 주문이 시작되었습니다. (웃음) 저는 신해철 씨 처음 봤을 때 눈이 인상적이었거든요. 나쁘게 얘기하면 뱀의 눈 같기도 하고, 굉장히 날카롭게 상대방을 예리하게 꿰뚫어 보는 눈이더라구요. 해철이 형의 눈을 가지고 형상화하겠다고 했죠. 그러니까 이 인간이 복잡한 주문을 하기 시작하는 거예요. (웃음) '불새' 디자인은 대충 아시죠? 거기에 있는 옆으로 퍼지지 않은 핵심, 가운데 있는 눈 정도를 스케치해서 보여줬어요. 그때부터 어려운 주문이 들어가는데, "이게 왼쪽 눈이야? 오른쪽 눈이야?" 그래서 "몰라" 하니까, 왼쪽 눈도 아닌 오른쪽 눈도 아닌 미간의 제3의 눈이 있잖아요. "제3의 눈이었으면 좋겠다"

고 해요. "뭐, 그거야 눈동자를 어느 쪽으로 치우치지만 않으면 될 수 있는 거지, 그리고?" 했더니 "그 눈이 보는 사람의 영혼을 꿰뚫어 봤으면 좋겠어" 하길래 "에이. 안 해. 공짜로 하는 건데, 무슨 주문이 영혼을 꿰뚫어 보고 난리야. 단돈 1만 원도 그것 때문에 받은 게 없는데 뭘 꿰뚫어 본다고? 영혼을 꿰뚫어 본다고?" 그 인간이랑 얘기하면 늘 그렇게 4차원, 5차원으로 가는데요. 즐겁기도 하죠. 그런 이야기를 나눌 수 있는 뮤지션, 클라이언트가 없어요. 저도 저런 과기 때문에. 어차피 해주기로 한 거 잘해보자고 생각했죠. 나머지 속지를 멋지게 채울만한 페이의 여유, 시간적 여유는 없었어요. 언제까지 판을 내야 한다고 회사가 이미 결정을 해놔서요. 커버에다가 심벌로고 커다랗게 때려 박는 것을 주안점으로 둬야겠다, 시간이 없으니까, 어느 하나에만 힘을 줘야 하는 상황이었어요. 그렇게 소위 팬들이 그걸 '불새'라고 통칭하는 넥스트의 심벌로고를 만들게 된 거죠. 넥스트라는 글자 자체는 영어잖아요. 영어인데 왠지 동양의 분위기가 났으면 좋겠고, 약간 고대에 쓴 건지, 현대에 쓴 건지 애매했으면 좋겠고, 그런 느낌을 다 집어넣은 거죠. 제가 지금 생각해도 그때 일정과 모든 것을 봤을 때는 엄청나게 집중해서 작업을 했던 것 같아요. 음악이 저한테 강하게 다가왔어요. 한국에서도 이런 게 가능할 수 있구나.

지 운명적인 사건이 없었다고는 말씀하셨지만, 선생님이 생각하던 바와 넥스트가 새로운 음악을 하려고 했던 것이 맞닥뜨리면서 화학적인 에너지가 발생한 것 같은데요.

전 그렇죠. 그런데 만난 것 자체가 엄밀한 과정을 거친 것이 아니라 소개 소개 받다 보니까 '얘도 5차원이야' 하면서 만나게 된 거죠. (웃음)

지 앨범 재킷 디자인에 그렇게 공을 들인 경우가 거의 없었지 않습니까? 지금처럼 디자인 개념이나 이런 부분에 대한 인식이 바뀌었다면… 옛날엔 로고나 캐릭터를 만들어도 돈이 안 됐지만, 지금은 카카오 캐릭터 하나 만들면 엄청난 돈을 벌잖아요. (웃음)

전 지금 같았으면 파생 상품도 많이 만들어 내고 돈을 벌었을지도 모르죠. 사람들이 흔히 눈의 문양화가 되어 있으면, 대부분의 사람들이 이집트의 호루스의 눈을 떠올리기 마련이거든요. 눈이라는 것이 어떤 식으로 그려도 호루스의 눈하고 비슷해질 수밖에 없어요. 눈을 신비롭게 그려봐,

그럼 다 호루스의 눈이 됩니다. 호루스의 눈은 참고 자체도 한 적이 없구요. 눈 자체는 똑같잖아요. 가운데 눈동자가 있고, 주변 양식 이것은 백제 문양을 여기저기서 많이 참고했어요. 꼭 어느 하나, 백제 금관에서 따왔다, 이게 아니라 백제 유물들의 아름다움에 좀 경도되어 있던 때라서요. 거기서 많이 참고해서 완성시켰었죠.

지 아까 산울림 얘기하셨지만, 본격적인 디자인이라고 하긴 어렵고, 대부분의 가수들이 자기 얼굴을 사용했는데요.

전 로고를 만들려고 했는데, 어설펐던 것이 시나위 정도였죠.

지 대중 상대의 영향력 있는 밴드가 처음으로 전체적인 음악 콘셉트와 앨범 재킷을 콘셉트 화해서 작품을 만들려는 최초의 시도였는데요.

전 그런 셈이라고 생각해요. 그쪽에서 계획하지는 않았지만, 아트웍하고 음악하고 하나의 토탈 패키지가 되어야 한다고 본능적으로 생각하는 사람이어서요. 그전에는 그렇게 한 사람이 없었다고 생각해요. 감히 말하건대.

지 넥스트 2, 3, 4집을 최고의 앨범으로 꼽는 팬들이 많은데요. 재킷 디자인도 그렇구요. 작업을 하실 때 어떤 과정을 거치셨나요? 로고를 만들 때 요구사항이 많았다고 하셨는데, 앨범 재킷도 그랬을 것 같습니다.

전 그렇지는 않았어요. 제가 작업했던 대표적인 뮤지션이 서태지 씨하고 신해철 씨잖아요. 두 사람의 다른 점도 굉장히 많지만, 공통점이 하나 있는데요. 앨범 디자인 작업을 할 때 이렇게 해줘, 저렇게 해줘, 하는 것이 없었어요. 제가 음악을 듣고서는 필 받아가지고 그 느낌을 가지고 시안을 딱 한 번 보여주고 거의 99%는 무수정 통과, 그대로 인쇄하는 거였구요. 1% 정도는 신해철 씨가 주로 "내 다리 좀 길게 만들어줘" 이런 거 이외에는 수정이란 것이 거의 없었어요. (웃음)

지 《정글 스토리》 말인가요? (웃음)
전 네. 다리 멋있게 해줘, 오토바이 멋있게 해줘, 그거 외에는 없었어요. (웃음) 자기가 이뻐 보이는 것 외에 자기 철학을 가미해달라는 요구가 없었어요. 왜 그럴 수밖에 없었냐는 생각이 드느냐 하면요. 그들과 제가 관심사가 거의 똑같아요. 그러니까 진짜로 논의를 한 적이 없어요. 신해철 씨 관련된 걸 하는데 서태지 씨 얘기가 은연중에 나오게 돼서 좀 그런데요. 어쨌든 두 분이 나올 수밖에 없어요. 같이 작업을 했고, 두 분이 먼 친척이기도 하고.

지 동지기도 하고, 라이벌이기도 하고.

전 그런데 또 성격이라든지 성향, 작업 방식은 서로 완전히 판이해서요. 쉽게 얘기하자면 해철이 형은 오야붕 스타일이죠. 그래서 괜히 허세를 떨 때도 좀 많고, 허세도 때로는 그리워질 때가 있죠. 우리가 세상을 살 때도 그렇잖아요. 허세 부리는 선배 형이 있는데, 건강도 잃고, 직업도 잃어서 허세를 못 부리고 찌그러져 있을 때는 '차라리 허세를 부릴 때 형이 더 좋았어' 이런 느낌이 들 때가 있잖아요. 마치 그런 것처럼 허세를 부릴 때도 많고 그런데요. 그게 그립구요. 작업 방식도 해철이 형은 뭐가 나오면 지나가던 사람한테도 물어봐요. "어떠냐? 죽이지 않냐?" 주로 자기 자랑을 위해서 물어보죠. (웃음) 어떠냐, 라는 정밀한 모니터링을 위한 것이 아니라 '나를 찬양해달라'는 염원을 담고 물어봅니다. 서태지 씨는 골방에 틀어박혀 혼자 작업을 합니다. 절대 노출을 안 해요. 사운드도 들어보면 신해철 씨는 오리지널리티가 있는데요. 어디서 베낀 것 같지 않잖아요. 기껏해야 어디서 영향을 받았다고는 할 수 있는데요.

약간 거친 면이 있어요. 좀 다듬어야 하겠다, 믹스까지 혼자서 하지 마, 하는데 믹스까지 혼자 하는 경우가 있었구요. 믹스하는 기사님한테 월권을 해서 자기가 하는 경우가 있었는데요. 서태지 씨는 혼자 골방에 처박혀서 히키코모리처럼 정밀한 조립식을 만드는 것 같아요. 제가 뮤지션이 아니라 주제넘은 것 같긴 하지만, 제 느낌으로는 서태지 씨는 사운드 디자이너에 조금 더 가까운 것 같아요. 로커의 기질을 전혀 가지고 있지도 않고. 사운드는 정말 잘 뽑아내요. 신해철 씨는 그걸 다듬고 앉아 있기에는 관심사가 너무 많아요. 마음이 급해. (웃음) 다음 작업을 빨리 해야 해요. 이걸 다듬고 있을 시간에 다음 것을 더 완성도 있게 내지 머, 하고 툭툭 치고 나가는 스타일이고, 서태지 씨는 하나하나 다듬는 스타일이죠. 그런 차이 때문에 작업하는 재미가 있기도 했어요. 서태지 씨는 제가 뮤직비디오 감독도 해드린 적이 있거든요. 그때가 1998년인가요? 그때는 사람들이 3D 스튜디오 같은 프로그램을 많이 쓰던 때가 아니에요. 3D로 〈테이크1〉 뮤직비디오를 제가 만드는데, 그걸 3D 스튜디오로 만들고 있었는데요. 3D 스튜디오로 피드백을 주더라구요. 그래서 '이 인간은 도대체 뭐야?' 하는 생각이 들더라구요. 신해철 씨로 다시 넘어가면 작업할 때 아트웍을 이렇게 해라, 저렇게 해라, 하는 것이 신기할 정도로 없었어요.

지 전권을 주신 거네요.

전 그래서 제가 작업하기 편했구요. 그들이 가진 높은, 다른 뮤지션과 다른 뭔가가 있었다면요. 자기가 인정하는 뛰어난 사람들에 있어서는 그들이 베스트를 할 수 있는 건 내가 건드리지 않는 거라는 것을 충분히 알고 있는 거예요. (웃음) 사실 그렇거든요. 그 분야에서 어느 단계 이상이 된 사람보고 이래라저래라 하면 그 사람은 오히려 더 낮아져 버려요. 이 사람 말의 기준에 맞춰야 하니까. 너의 작품이니까 내가 그대로 쓸게, 그렇게 되면 이 사람은 100만 해주려고 했다가 200을 하게 되는 거죠. 아트를 해야 하겠구나, 이런 생각을 하게 되는 거죠. 그래서 그렇게 작업을 했었구요. 지금도 그때 작업하던 것을 생각하면 기분이 좋아져요. 왜? 약간 신들린 듯이 작업할 수 있었으니까요. 그들의 음악도 사람을 신들리게 만드는 요소들이 있거든요. 하나는 조용한 교주, 하나는 시끄러운 교주인데, 둘 다 그런 면이 있기 때문에 사람을 약간 고양시키는, 좋게 말해서 그런 면이 있었기 때문에 저는 작두 타고 그러듯이 재미있게 작업을 했었죠.

지 만남에 운명적인 요소가 있었던 것 같네요.
전 네. 좋은 시절이었죠.

지 신해철 님 첫인상이 어땠나요? 뱀눈처럼 날카롭다고는 하셨지만요.
전 키가 되게 작았구요. 농담입니다. (웃음) 형 그러고 다니다가 신발에서 떨어져서 발목 삐어, 할 정도로 굽이 높았는데요. 일단 참 말이 많구나, 그리고 똑똑하구나, 누가 말로 이 사람을 이기지는 못하겠구나. (웃음) 그런 생각을 했었죠. 저하고 딱 한 살 차이가 나거든요. 살다 보면 같이 늙어가는 처지에 한 살 차이는 형님이라고까지는 안 부르잖아요. 끝끝내 형님이라고 부르길 원했죠. 그런 성격이 좀 있었어요. 재밌었습니다. 솔직히 갑자기 우울하게 넘어가자면 그렇게 갈 줄은, 저를 포함해서 누구도 몰랐을거구요. 저는 형한테 그런 말을 한 적이 있어요. 세상 사람 다 죽은 다음에도 형 혼자 남아서 자기 잘났다고 떠들고 있을 인간이야, 그랬거든요. (웃음)

지 하도 욕을 많이 먹어서 자긴 영생할 거라는 농담도 했었죠.
전 진짜로, 집안의 어떤 어르신이 돌아가신 것보다도 저한테는 더 큰 심리적 대미지를 줬습니다. 임종할 때 병원에 딱 도착했을 때였는데요. 갑자기 기분이 이상해서 무작정 달려갔어요. "형 괜찮아?"하고 볼려고 했는데 의사들이 다 몰려들어서요. 그게 제 인생에 큰 충격과 영향을 줬구요. 사실은 그 이후로 뭐라고 할까요? 세상 사는 것에 대한 조금 다른 관점, 그러니까 그전에도 사실 제가 약간 4차원적이기도 했고, 이상주의자이기도 했지만, 그럼에도 유명한 감독이 돼야지, 하는 야망이나 욕망 그런 것들은 누구나 어느 정도는 있잖아요. 그런데 그런 것에 대해서 조금 허심탄회해졌다고 할까요? 다 쓸데없어, 내가 아는 인간 중에서 가장 기가 세고 똑똑하던 인간이 저렇게 허망하게 가는데… 차라리 연배가 차이가 났다면, 이 존함을 꺼낸다고 해서 그분 욕을 하는 것이 아니라 조용필 선생님이라든지 이러면 그나마 '그럴 수도 있겠네' 할 텐데, 저하고 한 살 차이잖아요. 그렇게 기고만장하던 인간이 허망하게 가니까 어쩌면 주체할 수가 없고, 거의 멍하니 거진 1년은 아무것도 못 했던 것 같아요.

지 거의 1년 동안이나… 많이 교류해 오셨던 분이라 더 충격이 크셨겠네요.

전 그렇죠. 그렇게 강하던 인간이, 그렇게 기가 세고, 에너지가 세고, 말빨 하면… 저도 어디 가서 말을 못한다는 소리는 안 듣는데요. 1998년인가 1999년인가 정확하게 기억은 안 나는데요. 제가 집을 옮기는데 동시에 2주택이 될 수 있는 문제가 있어서 잠깐 해철이 형네 집에서 살았었어요. 1년을 같이 살았으니까, 잠깐은 아니네요. 그러니까 어떻게 되겠어요? 같이 밥 먹고, 할 것이 많잖아요. 밤마다 같이 술을 한잔하거나 그러면 정말 그걸 제삼자가 보거나 녹화를 해놨으면 진짜 웃겼을 것 같아요. 그때가 유튜브 세상이었으면 녹화만 해놨어도 엄청난 콘텐츠가 됐을 텐데. 주로 하는 이야기가 뭔지 아세요? 서로 싸우다 삐져서 며칠 동안 이야기를 안 하기도 하는데, 주제가 철학이나 이런 게 아니라 신의 존재, 외계인은 있는가, 없는가, 이런 것을 가지고 왜 집어 던지고 싸워요? (웃음)

지 하하하.

전 같이 살면서 정말 놀란 것이 하나 있는데요. 책을 진짜 희한하게 읽어요. 많이 읽는 것은 알았는데요. 저는 그렇게 읽는 사람은 처음 봤어요. 소파 앞에 책이 있고, 화장실에 책이 있고, 안방에도 책이 있는데요. 문제는 소파에 있는 책은 소파에서만 읽어요. 화장실에 있는 책은 화장실에서만 읽어요. 보통의 사람들은 책을 읽다가 재미있으면 화장실에 들고 가서도 읽잖아요. 그게 아니에요. 소파에서 읽던 책은 소파에 놓고, 화장실에 가서는 화장실에 있는 책을 읽어요. 그런 식이었죠.

지   사고체계가.

전   멀티플하게, 아니면 퍼즐이나 큐빅처럼 다면체적으로 순간적으로 스위칭을 하더라구요. 이 사람은 나보다는 어쨌든 머리는 좋은데. 왜냐하면 저도 아이큐가 상당히 높은 편이었는데요. 이 인간은 거의 준천재급인데, 이런 생각이 들었죠. (웃음)

지   전권을 맡기되, 평소에 얘기를 많이 하는 거네요.

전   그렇죠. 그런 것이 작업으로 귀결되는 것 아니겠어요? 갖고 있는 생각이 작업의 결과물로 나오는 거니까. 태지 씨하고는 그렇게 얘길 많이 하지는 못했는데요. 성격 자체가 히키코모리 같기도 하고, 《굿바이》 베스트 앨범을 낸 다음에는 떠나 있었잖아요. 캘리포니아에 있었던 것으로 짐작되는데요. 피드백해 오는 시간대로 봐서는. (웃음) 그럼에도 그분은 워낙에 정교하고, 큐트하고, 약간 일본 히키코모리들이 좋아할 만한 것들을 워낙에 좋아하시기 때문에, 그런 면에 있어서 저하고도 통하는 부분이 있었기 때문에 재미있었습니다.

지 영화 〈힙노시스 엘피 시대의 전설〉을 보면서 선생님 생각이 났는데요. 주로 핑크플로이드, 레드제플린, 폴 매카트니 등의 작업을 한 디자인 그룹인데, 선생님도 서태지, 신해철, 전람회, 이승환 등등 어마어마한 아티스트들의 앨범 디자인 작업을 하셨는데요. 지금 생각해 보면 산업적으로 활성화되지 못한 부분에 대해서 아쉬운 점은 없으신가요? 힙노시스 같은 디자인 그룹이 가능했을 수도 있을 텐데요.

전 산업적인 문제도 있었겠지만, 저 자신의 문제도 좀 있다고 생각되는데요. 제가 사업가 기질은 전혀 없고, 약간 아티스트 쪽 기질이 있어서요. 그런 것을 사업화하거나 그렇게 만드는 데 대해서 적극성을 가지는 편이 못됐어요. 그리고 그때는 뭐라고 할까, 기껏해야 H.O.T가 나오면 사진 팔고 이 정도의 수준이었기 때문에요. 그런 부분에 있어서는 아쉬울 수도 있는데요. 제가 주도적으로 못 한 이유는 가수나 회사에서 주도적으로 하지 않고, 제가 주도적으로 한다는 것이 조금 뭐랄까, 안 맞는다는 생각이 들기도 했었어요. 무슨 얘기냐 하면, 경우가 너무 다르긴 하지만, 그냥 브레인스토밍하듯이 마구 예를 들어볼까요? 방탄소년단이 하이브에 소속이 되어 있어요. 그런데 방탄소년단의 재킷을 만드는 사람이나 디자인을 해주는 사람이 예를 들어서 사업을 하겠다고 회사를 꾸릴 수 있겠죠. 기본적으로는 회사에서 시작을 하거나 시도를 하잖아요. 그런데 그때는 그런 것을 할 생각 자체를 가지고 있는 사람들이 없었어요. 그런데 저처럼 디자인비 받고, 작업을 해주는 사람이 이걸 가지고 사업화를 해야 한다고 설득하기는 어려웠죠. 아시는지 모르겠지만, 1990년대만 해도 음반사 대표나 그런 분들이 반달스러운 분들이 많았어요. 건달은 아닌 것 같고, 건달 필이 약간은 있고, 이런 분들이. 매니저 분들도 배바지 아저씨들이 되게 많았구요. (웃음) 마인드의 일체성도 안 느껴지는 것 있죠. 지금이라면 얘기가 달라지겠죠. 1990년대에는 아예 그런 것을 시도하기도 애매한 상황이었습니다.

지 　아티스트가 생각이 있다고 해도 회사 차원에서 비용을 제대로 책정받는 것이 어려웠겠네요. 적극적으로 말씀하실 성격도 아니신 것 같구요.

전 　좀 그런 것 같구요. 더 핵심적으로는 그거잖아요. 가령 제가 제 캐릭터를 만드는 거예요. 이걸 가지고 나는 팔겠다, 그러면 제가 주도적으로 할 수 있죠. 그런데 음악을 디자인해 주는 거잖아요. 사실 무엇이 위에 있다기보다도 이 분야 자체는 음악을 보완하거나 보조해 주는 수단이잖아요. 내가 더 치고 올라가는 듯이 얘기를 한다는 자체가 굉장히, 그때 당시로서는 말도 안 되는 상황이었어요. 지금 생각하면 '더 적극적으로 하면 될 것 같은데' 할 수도 있지만, 그건 지금 생각이구요. 그때는 그렇지 못했던 것 같아요.

지 　신해철 님도 초기엔 인세를 못 받았다고 하더라구요.

전 　본인도 인세를 못 받던 시절에 음악을 비주얼화해 주는 사람이 '나의 돈' 내지는 팔릴 때마다 몇 퍼센트는 나한테 줘야 해, 이런 것들이 먹히거나 이해되거나 상상되는 그런 시대가 못됐어요. 그럼에도 제가 엄청난 적극성을 가지고 온 동네를 헤집고 다니면 그중 한 팀 정도는 할 수 있었겠죠. 그런데 그러기에는 제가 그런 주변머리가 부족했던 것 같구요. 언젠가 로저 딘은 《Yes, Asia》 앨범 등의 작업에서 러닝개런티를 받았다는 말을 듣고 해철이 형이 "우리도 그럼 앨범 디자인 러닝개런티 할까?" 먼저 말씀하시더라구요. 그래서 당시 몇 퍼센트였는지는 기억나지 않지만, 러닝개런티로 계산해 보니 그냥 일시불 디자인 페이로 500만 원을 받는다면 러닝개런티로 하니 대략 3년간 650만 원 받는 정도였습니다. 그래서 그냥 일시불로 500만 원 받기로 했죠. (웃음) 일단 대한민국에서 당시 넥스트 앨범이 팔리는 정도를 기준으로 하니 그랬습니다.

지 넥스트, 신해철 앨범을 작업하실 때는 어떤 점에 주안점을 두셨나요?

전 일단은 음악이죠. 이름을 여러 번 바꿨잖아요. 크롬이라고 해서 크롬 로고도 만들었잖아요. (웃음) 자기 맘대로 다 하는구만, 이랬었는데요. 어쨌든 간에 그 가수에 대한 일치된 이미지가 일관되게 흘러야 하잖아요. 왜 바꿨는지는 알겠어요. 음악풍을 바꾸고 싶으니까, 또 하나의 나인 거야. 그 마음은 알겠는데, 그거는 너무 이상주의적인 것 같아요. 질문의 의도에서 약간 벗어난 제 생각 중 하나는 해철이 형을 그만큼 성공시킨 것과 그만큼 억제한 것, 그리고 결국에는 그렇게까지 몰고 간 이유 중 하나는 처음에 아이돌로 너무 떴기 때문이에요. 그것 때문에 그 이미지도 어느 정도 가져가야겠고, 자기가 아티스트로서 가져가야 할 부분도 있고, 뭐라고 할까요, 잘 믹스를 해서 함께 가져가고 싶은 거죠. 가령 로커들이 이런 말을 할 때가 있거든요. 해철이 형도 "로커에게 제일 중요한 게 뭐야?" 해서 "글쎄. 발성, 성량, 음악성?" 하니까 "그게 아니고, 턱선이야. 인마 턱선" 그래요. (웃음) 무슨 소리야, 장난치는 거야, 했는데, 앨범 내기 전에는 무한 다이어트를 했거든요. 아이돌이나 로커로서의 어떤 외부적인 것, 보여지는 것에 대해서 계속 가져가고 싶은 거죠. 그런 욕망이 있는 거예요. 형이 처음에 아이돌처럼 떴잖아요. 뮤지션이 아니라. 그랬던 것이 계속 형을, 오히려 '배 나오면 어때? 털북숭이처럼 하고 나오면 어때?' 하는 자유성을 오히려 억제하는, 그 이미지도 어느 정도 가져가야 하는 한계와 힘듦, 나이는 드는데, 그걸 좀 편하게 받아들였으면 오히려 좋았을 텐데, 그것까지도 좀 이상적으로 만들고 싶어 하는 욕심이 있었죠. 그래서 그게 좀 안타까워요.

지 요즘 분위기가 좀 달라진 느낌적인 느낌인데요. 사랑과 평화 이런 분들이 연주하니까 '나이 들어서 멋지다' 이런 반응이거든요.

전 로커에게 제일 중요한 게 뭔지 알아, 턱선이야, 턱선. (웃음) 그래서 형 턱선은 포기해, 그랬죠. (웃음)

지 예스 앨범 하면 플로팅 아일랜드(떠 있는 섬) 같은 이미지들이 있잖아요. 로저 딘이 영화 〈아바타〉가 본인의 콘셉트를 차용했다고 소송까지 걸 정도였는데요. 넥스트 앨범도 독창적인 이미지가 있는데요. 죽음의 이미지, 신화적인 느낌도 있고, 여러 가지 복합적인 느낌이 있습니다. 그 안에 선생님의 디자인 철학이 있을 텐데요.

전 저는 디자인과 학생들한테 특강할 때나 늘 얘기하는 것이 뭐냐 하면요. 디자인과 데코레이션을 혼동하지 말라고 하거든요. 데코레이션은 장식이잖아요. 디자인의 어원, 영어 사전을 조금만이라도 읽어보면요. 예쁘게 포장하거나 그런 뜻보다도 콘셉트에 가까워요. 디자인이라는 것이. 기획 의도가 디자인이라는 것에 좀 더 가까운 느낌이죠. 보통 사람들은 예쁘면 디자인이 좋네, 하는데 사실은 데코레이션이 좋다는 건지, 기획 의도대로 잘됐다는 건지 혼재되어 있는데요. 일반인들은 혼재될 수 있죠. 그걸 탓하는 것은 아닌데요. 디자이너들조차도 데코레이션에 너무 집착하는 경우들이 많거든요. 그러다 보니까, 요즘의 음반 재킷 디자인을 제가 모든 앨범을 사보거나 그렇지는 않지만, 겉만 봐도 패키지 디자인이죠. 분리해야 된다고 생각하거든요. CD나 예전에 LP도 패키지였지만, 넓게 보면 패키지 디자인이긴 하지만, 넥스트 앨범만 봐도 그렇거니와 우리가 역사적으로 남아 있는 훌륭한 프로그레시브 록 그룹이라든가, 보면 그 안의 정신이 있잖아요. 그 정신을 표현하기 위해서 겉에 디자인도 들어간 거잖아요. 하지만 멋지게 보이기 위한 장식을 해놓은 것에 불과하고, 어떤 철학도 특별히 찾을 것이 없어, 이 아이돌팀하고 문양과 내용이 일치가 안 돼, 멋져 보이는 것을 갖다 끼운 거야. 그렇다면 이건 데코레이션이라는 거죠. 디자인과 데코레이션을 구별하라고 학생들한테 강조합니다. 그렇다면 내 디자인 의도, 기획 의도가 이번 것은 디자인을 안 하는 거야. 텅 비우는 것이 나의 디자인이야.

지 비틀스의 '화이트 앨범'처럼. (웃음)
전 그게 디자인이라는 거죠. 그렇다고 무턱대고 과격하게 나가는 것이 디자인이라는 뜻은 아니에요. 어떤 의도를 갖고 있는가, 넥스트는 어떤 의도였냐 하면 이 '불새' 심벌로고가 어느 날 어딘가의 유적지에서 발견이 됐는데, 분명히 탄소로 연대 측정을 해보면 15만 년 전 이렇게 나오는데, 은판 위에 문양이 있는 거예요. 세공 기술이나 이런 것에 레이저로 각인을 한 거예요. 이게 탄소연대측정으로는 15만 년 전으로 분명히 나오는데, 어떻게 해서 지금도 못 만드는 기술이 들어가 있지, 라는 느낌이 들기를 바랬어요. 어떻게 보면 이 말 속에는 미래와 과거가 다 함께 공존할 수도 있는, 또는 아까 형하고 싸웠다는 신이 외계인이냐, 아니냐, 이 얘기도 들어갈 수 있겠구요. 그런 것들이 이런 디자인 소재로 어느 정도 들어가 있죠. 가령 시간이 없어서 대충 스케치가 좀 조악하긴 하지만, 예수님처럼 십자가에 매달려 있는 것을 로봇으로 표현했다, 그러면 기계화된 문명에 대한 비판일 수 있겠죠. 또는 수묵화처럼 앉아 있는데, 신시사이저를 연주하고 있잖아요. 이것도 과거와 미래가 혼재된, 동양과 서양이 함께 있는 그런 느낌이 결국에는 제가 계속해서 추구했던 동서양이 함께 있고, 과거와 미래가 함께 있고, 그런 느낌을 주려고 많이 노력을 했었어요. 그게 주안점이었고, 신해철 씨 독립 앨범 빼놓고는 《노 댄스》 앨범을 디자인한 입장에서는 제일 좋아합니다.

저는 굉장히 재밌었어요. 윤상 씨하고 신해철 씨는 성격이 굉장히 다르고, 180도 다르거니와 둘이 이거 낸 다음에 한 번도 같이 앨범을 낸 적이 없는 이유도 한번 해보고 서로 뭔가 같이 할 수 있는 인간이 아니라고 생각한 거죠. (웃음) 그리고 〈아키에이지 워〉라는 게임이 있어요. 리니지를 만든 분이 만드신 게임인데요. 그 게임을 제가 개발하고 있었거든요. 그때 음악을 윤상 씨한테 맡겼어요. 그런데 해철이 형이 갑자기 자기도 그걸 하고 싶다는 거예요. (웃음) "윤상 씨가 하고 있다니까"라고 하니까 "해줘"부터 시작해서 "야. 인마. 너와 나 사이에 그럴 수가 있냐?" 하고 난리를 쳐서 제가 머리를 싸맸어요. 아키에이지가 두 대륙이 막 싸우는 이야기예요. 오케이 그러면 이렇게 하자, 두 대륙이 있으니까 한 대륙의 음악은 윤상이 하고, 한 대륙의 음악은 신해철이 하고, 어차피 두 대륙이 싸워야 하니까 둘이 맘대로 만들어봐, 했는데 진짜 맘대로가 됐어요. (웃음) 첫째 문제, 윤상 씨는 지켜진 날짜에 따박따박 곡을 주는데, 신해철 씨는 갑자기 잠수타고, 악상이 안 떠오른다, 한 줄 딱 남겨 놓고 전화 안 받고. 게임 개발 시간이 있는데, 전화는 받아야 할 거 아냐, 화내고 매니저한테 물어봐도 어디 갔는지 모르겠다고 하구요. 그러면 윤상 씨는 또 짜증을 내요. 자기 것 했으면 끝내면 되는데, 흐트러진 채로 가는 꼴을 윤상 씨는 또 못 봐요. 괜히 일 맡겼다가 온 동네 시끄럽게 만들고, 음악이 나왔는데 아무리 다른 대륙이라도 한 세기잖아요. 아, 안 맞아, 안 맞아. 둘이. (웃음) 윤상 씨는 굳이 얘기하자면 히사이시 조가 나왔고, 신해철 씨는 어디 북유럽에서 인디밴드가 만든 뭐가 나왔어요. 아무리 그래도 한 세기 안에 있는데, 유사성이 있어야지, 그래가지고 회사에서 저만 욕먹고, 힘들어 죽겠고, 그때 생각하면 지금도 피곤해 죽겠네요. (웃음)

지 서로 통화도 안 했나 보네요.
전 성격도 전혀 다르고, 둘 다 상대의 음악에 대해서 낮춰보는 경향이 있었죠. 윤상 씨는 윤상 씨의 색깔이 있고, 각자의 색깔이 있는 건데요. 적어도 거칠더라도 오리지널리티는 신해철 씨한테 1점이라도 더 주고 싶어요. 윤상 씨는 카피는 아니지만, 영향받은 부분이 너무 많아서요. 딱 들으면 알잖아요. 일본풍의 어떤 느낌의 영향을 받은 것이 너무 커서요. 그거보다는 신해철 씨가 오리지널리티에 있어서는 더 있다는 생각이 들어요. 수많은 카피냐, 아니냐, 논쟁이 많았어도 신해철 씨 곡이 표절 논쟁이 있었던 적이 있나요? 그 인간 고집으로는 하나라도 비슷하면 일부러 바꾸고, 찢어버릴 거예요.

지 자극을 받았던 뮤지션은 있을 수 있어도, 표절 시비는 없었죠.

전 신해철 씨하고 별로 상관은 없는데요. 싸이 작업을 할 때가 생각나네요. 싸이가 무명이었을 땐데요. 저는 사실 음반사 사장들한테 욕을 되게 많이 먹었어요. 오만하다고. 왜 그러냐 하면. 그때는 테이프로 전해줬어요. 가사도 안 나와서 스캣 송처럼 부르는 것을 전해주면 그걸 듣고 음악이 마음에 들면 하고, 아니면 안 했어요. 안 하면 사장이 뭐라고 하겠어요? 우리 음악이 안 좋다는 거 아냐, 이렇게 욕을 하는 거예요. 제 입장에서는 수준이 낮고 높음을 떠나서 내 취향이 아닐 수도 있는 거잖아요. 저는 거부권이 없어요? 누가 주면 다 해야 하나요? (웃음) 90년대만 해도 디자이너를 존중해 주지 않는 면이 있었죠. 내가 갑인데, 열 번이라도 다시 그려와야지, 이런 게 있었죠. 그래서 안 했더니 "목에다 깁스했다"는 얘기를 많이 들었어요. 기획사에서 저한테 싸이라는 가수가 데뷔한다고 디자인 해달라고 해서 "죄송하지만 가녹음한 것이라도 들려달라"고 했더니 세 곡이 왔어요. 다 샘플링이야. 거기서 마이너스 35000점 정도 들어갔는데요. 가만히 들어보니까 샘플링을 되게 잘했어요. 감각이 있어 보이는 거예요. 물론 곡은 오리지널이 아니에요. 그걸 자기 거 화 했더라구요. 그래서 만나보겠다고 했죠. 그때 제가 무슨 일 때문에 신사동에서 다른 일 때문에 바빴어요. 연예인들이 주로 만나는 신사동 카페가 있었는데, 거기서 만나자고 했었는데요. 제가 하던 일을 들고 와서 30분 먼저 와서 카페에서 일하고 있는 것이 낫겠다고 해서 읽고 있었어요. 잠시 후에 땀을 바가지처럼 흘리면서 "누구입니다" 그러는데, 완전 배바지 아저씨예요. 90도 폴더인사를 하면서 "죄송합니다"라고 하길래 "괜찮습니다. 저도 어차피 작업이 있었구요. 커피 시키시죠. 싸이 씨는 언제 오시나요?" 그러니까 "제가 싸이입니다" 그래요. 90년대에 그런 가수는 없었어요. 매니저인 줄 알았다니까요. (웃음) 얘기를 나눠보니까 이 사람이 머리가 되게 좋더라구요. 그래서 해주기로 했죠. 그런데 단지 약간 낮춰서 했어요. 무슨 얘기냐 하면, 제 밑에 조수한테 틀을 잡으라고 시켰죠. 제가 처음부터 다 한 것이 아니라. 그다음에는 엄청나게 뜨시던데요. (웃음) 뜰만 했어요. 머리가 좋고, 에너지가 엄청나가지고. 그 사람은 제가 볼 때는 가수 안 했으면 조폭이나 아니면 사이비 종교 이런 것을 해도 잘했을 것 같아요. (웃음) 약간 해철이 형하고도 조금 비슷한 면이 있어요. 외모 말고. 기질적으로. 확확 지르고 그러는 거.

지 《정글 스토리》 OST 디자인하실 땐 어땠나요?
전 《정글 스토리》는 커버 빼놓고는 힘을 안 쓴 앨범이에요. 디자인 페이도 작았고, 영화 음악이었잖아요. 이분의 독립 앨범, 정규 앨범도 아니었기 때문에 서로 힘을 빼고 가기로 했구요. 그냥 해철이 형이 원하는 것은, 내가 멋있게만 나와주길 바랬었어요. (웃음) 오토바이는 미니어처로 만든 거예요. 그다음에 해철이 형 의자에 앉혀놓고는 합성한 거죠. 그 당시에는 이렇게 합성을 해서 내놓는 것이 드물었기 때문에, 콘셉트는 좀 더 미래형 아키라처럼 만들자는 거였죠. 애니메이션 있잖아요. 간단한 거였어요. 깊이 있는 작업은 아니었죠.

지 배순탁 작가가 '《정글 스토리》가 음악이나 재킷 디자인이나 내게 최고였다'고 글을 쓰셨더라구요.
전 배순탁 씨는 워낙에 총명하시고.

지 본인은 낯을 많이 가리신다고 하시더라구요. 사람 만나는 것을 힘들어한다고.

전 어쨌든 간에 정규 앨범은 아니어서 커버만 신경 쓰고, 나머지는 힘 빼고 작업을 했습니다.

지 한자도 선생님이 정한 건가요?

전 그런 것도 제가 정하구요. 나중에 기념 앨범처럼 골드 패키지로 나온 앨범이 있었거든요. 베스트 앨범처럼. 거기에는 영어명만 형이 스트러글링이라고 앨범명을 정해줬었어요. 그 밑에 제가 고군분투라고 써놨죠. 그런 것들을 제가 알아서 하고, 고군분투라고 써놓은 것을 보고, "어, 이 생각 못했는데, 머리 좀 돌아가는데" 이러셨죠. (웃음)

지 넥스트 앨범과 솔로 앨범은 디자인 콘셉트가 달랐을 텐데요. 차별화하기 위해서 어떤 주안점을 두셨나요?

전 《모노크롬》도 정말 페이도 되게 적었고, 심지어 디자인 시간도 며칠밖에 없었어요. 사진 가지고 적절하게 레이아웃하는 디자인밖에 특별한 디자인을 할 수가 없었어요. 《모노크롬》 심벌로고만 만들고, 나머지는 쉽게 쉽게 갔었죠. 솔로 앨범의 주안점은 자신이 이뻐 보이는 것이었기 때문에. 넥스트 앨범은 콘셉트가 있었지만, 솔로 앨범은 사실 신해철 씨 외모가 예뻐 보이는 중심으로 갔었어요. (웃음)

지 작업을 하신 것 중에서 마음에 들었던 앨범은 어떤 것이 있나요?

전 《노 댄스》하고 《더 월드》 앨범이에요. 위아래로 길쭉하게 만드는 것을 기획사에 이해시키는 것도 힘들었구요. "이게 뭐야. 뭘 만들려는 거야" 그랬죠. 원래는 철판으로 하려고 했는데, 견적이 말도 안 되게 나오는 거예요. 그 그림이 뭐냐 하면, 밑에는 반도체 보드구요. 위에는 백제의 그림에 나오는 천상계의 인물을 그려놓은 거예요. 디지털적인 것 위에 그걸 초월한 어떤 정신세계를 표현한 거였거든요. 그러니까 밑에 보드는 철의 느낌이 났으면 좋겠는 거죠. 그랬더니 한 개 당 제작비 자체가 말이 안 되게 나왔습니다. 만약 지금 같고 그랬으면 골수팬을 위해서 5000개 한정이라든지 해서 낼 수도 있겠죠. 그런데 그때는, 아까도 말씀드렸다시피, 가수 얼굴 중심으로 찍던 것을 콘셉트로 바꿔 나간 지 몇 년도 안 됐는데요. 그렇게 완전히 기존의 레이아웃이 아닌 걸로 만들고자 했으니까요. 그게 최선이었고, 한계였죠.

지 신해철 님 10주기인데, 디자인을 가지고 어떤 기획을 해볼 생각은 없으신가요?

전 재작년인가 팬클럽에서 강력하게 요청을 해서 반지, 목걸이, 티셔츠, 심지어는 야광봉까지 다 만들어서 납품을 해드렸어요. 그런 것들이 또 있기를 원한다면 만들 수는 있는데요. 힘든 이유가 뭐냐 하면요. 문양 자체가 만약에 금형을 뜬다고 해도 금형 한 번 뜨면 몇천만 원 넘어가고 그렇거든요. 그런데 팬들이 그만큼을 사줄까를 확신할 수가 없잖아요. BTS도 아니고. 그때는 팬클럽이라서 어떻게 했냐 하면 팬클럽에서 예약을 받고, 공동구매를 하고, 돈을 미리 선지급 받았어요. 그걸 가지고 그대로 만든 거예요. 그렇게는 할 수가 있는데, 금형 한 번 뜨면 수천, 수만 개를 찍어내야 하거든요. 그렇게 할 수가 없는 거예요. 그렇다고 해서 후진 것을 내보내고 싶지 않거든요. 그러다 보니까 펜던트를 직접 받아보시면 아시겠지만, 만들기가 너무 힘들어서요. 다 수공으로 했어요. 을지로에 있는 장인 한 분한테 이걸 만들어달라고 했더니, 심벌로고가 예리하게 선이 가잖아요. 라인 때문에 뚝 끊어진다는 거예요. 그러니 굵게 해야 한대요. 그런데 생각을 해보세요. 뚱뚱한 불새가 되면 안 만드는 게 낫지, 안 된다, 유지해야 한다고 해서 그분이 그걸 다 손으로 깎았어요. 뭐라고 할까요. 제가 어떤 퀄리티 기준에 맞출려고 하잖아요. 그러면 양산을 못해요. 만약에 이게 정말 가능해질려면요. 저번처럼 팬들이 요청하는 수밖에 없어요. 팬들이 정말 펜던트하고 목걸이 갖고 싶다, 공동구매 하고 싶다고 해야 생산에 들어갈 수 있습니다. 티셔츠도 싸구려 티셔츠에 심벌로고 하나 박힌 것을 원하세요? 티셔츠도 여러 가지 종류가 있잖아요. 두툼한 면티에다가, 저는 처음에는 자수를 넣으려고 했거든요. 그런데 그러면 단가가 엄청나거든요. 프린트도 여러 종류가 있어요. 싸구려는 한번 입는 거구요. 제대로 하면 두툼해지거든요. 그 정도는 돼야 보관할 마음이 생기는데, 그러면 단가가 안 맞아요. 그건 좋아요. 비싸도 살 사람은 살 수 있으니까요. 문제는 뭐냐 하면 그렇게 특별나게 하면 초도 물량 숫자를 정해줘야 해요. 대부분 초도 물량 숫자가 몇천 개예요. 그런데 팬들이 몇천 개를 주문한 것이 아니었거든요. 그러면 안 맞는 거예요. 그러니까 만들어 낼 수 없는 거예요. 때로는 저한테 어떻게 알아냈는지 "만들어서 팔아주세요. 10개라도 살 거예요"라고 연락하는데, 그걸 가지고는 제가 만들 수가 없잖아요. 그때도 만든 다음에 이윤의 15% 정도는 윤원희 형수님한테 드렸어요. 드려야 하는 이유는 없어요. 심벌로고에 대한 권한은 제가 가지고 있어요. 그런데 그게 잘 팔리면 애기들한테 주고 싶은 거예요. 보셨죠? 어쩜 유전자가, 똑같지 않아요? 넥스트로 데뷔하면 될 것 같아요. 저도 만들고 싶죠. 그런데 후지게 만들고 싶지는 않아요. 넥스트 팬들 중에 돈이 좀 있으신 분이 제가 비용을 대겠습니다, 상설로 팔 수 있도록 1억 정도 내놓겠습니다, 하면 만들어서 상설로 전시도 하고, 어디서 팔 수도 있죠. 가령 작은 카페 하나라도 불새로 디자인을 다 해서 거기서 기념품을 팔아요. 샵이 작더라도 그런 게 하나가 있으면 얼마나 좋겠어요. 제가 차릴 수도 있겠죠. 그런데 제가 그 모든 위험 부담을 어떻게 지겠어요? 펜던트 하나만 해도 수천 개를 찍어야 하고, 티셔츠도 그렇고, 재고 이만큼 쌓아놓고 팬들이 사주기만을 기다릴 수는 없잖아요. 이건 독지가가 나서거나 팬들이 공동구매를 할 수밖에 없어요. 그랬을 경우에는 제가 당연히 만들어 드리죠.

지 얼마 전에 신문 기사 보니까 조현문 효성 전 부사장이 전 재산을 공익재단을 만들어서 기부한다고 하던데요. '신해철의 친구답다'고 기사 제목이 났더라구요.

전 전 재산은 필요 없고, 1억만 있으면 할 수 있는데요. (웃음) 팬들 중에서 그런 분이 계시면, 그냥 달라는 것이 아니라 이윤이 생기면 드릴 거구요. 문화 사업의 일환으로라도 하실 수 없는지, 오히려 기자나 널리 퍼뜨릴 수 있는 분들한테 얘기해주세요. 제가 만들기 싫어서 안 만드는 것이 아니라 넥스트라는 어떤 레전드의 이름에 해가 가지 않도록 만들어야 할 거잖아요. 무단으로 소량으로 만들어 낸 사람들이 전에 있었거든요. 어떤 매니저도 그런 적이 있었고. 어디 동대문에서 5000원 주고 산 것처럼 만들었어요. 이렇게 만드는 것은 오히려 신해철을 죽이는 거예요. 그렇다고 해서 제가 티셔츠 하나를 20만 원짜리를 만들겠다는 것이 아니라 제대로 만들면 티셔츠 하나에 3~4만 원 정도는 들더라구요.

지 선생님은 인터뷰를 거의 안 하셨더라구요.

전 옛날에는 좀 했었던 것 같은데. 연대는 건축과에서 저보고 와서 특강을 해달라고 해서 '왜 건축과에서 음반 재킷 디자이너에게?'라고 생각했는데, 2학년까지는 커리큘럼이 비슷하거든요. 똑똑한 친구들이었어요. 질문 자체도 좋았고. 나이가 들다 보니까 기억력이 떨어져요. 예전에 친구들이 모르는 것이 있으면 저한테 물어봤거든요. 존 앤 반젤리스 2집 B면 두 번째 곡이 뭐더라, 물어보면 제가 대답해 줬는데요. 지금은 기억이 안 납니다. (웃음) 특히 배우나 가수 이름이 기억이 안 납니다.

지   요즘 아이돌은 얼굴도 구별 못 하겠더라구요. 소녀시대가 마지막이었던 것 같아요. (웃음)
전   우리 연식이 너무 그렇잖아요. 뉴진스는 좋더라구요. (웃음)

지   지금 돌아보시면 제일 보람 있었던 것은 어떤 건가요?
전   보람 있었던 거요? 글쎄요. 제가 스스로 얘기하면 너무 오만하거나 자뻑스러운 건지 모르겠는데요. 어쨌든 한국의 음반 재킷 디자인의 흐름을 어느 정도 바꿨다고 생각하기 때문에 의미가 있었다고 생각되지만, 또 한편으로는 그만큼 공식적으로 인정해 주거나 그런 게 있는 것도 아니기 때문에 들인 노력과 그때 정열 또 변화의 폭, 이런 것에 비해서 일부 마니아들만 아는 거지, 문화적인 현상을 만들어냈거나 그런 것은 아니어서요. 그 에너지와 아이디어와 그때는 반짝반짝 머리가 맑을 때 좀 더 파급력이 큰 작업을 했으면 어땠을까 싶은 아쉬움도 있구요. 페이가 좀 적었지만, 친하고 음악이 좋으니까 했던 거였죠. (웃음) 신해철 씨 작업 한 서너 개 해야 서태지 씨 작업 하나 정도에 해당했어요. 그런데도 이 인간은 맨날 "언제 끝나?"하고 귀엽게 물었죠. (웃음) 《HERE I STAND FOR YOU》 싱글 앨범을 작업할 때였는데요. 그거 같은 경우에 있어서는 갑자기 어느 날 너무 친근하고 다정한 목소리로 "상일아 뭐해~~" 그래서 "작업하고 있는데요" "가도 대?" "아, 와요" 그때는 저는 일산에 있었고, 형이 강남에 살고 있었을 거예요. "뭐 때문에?" 여기까지 온다는 것 자체가 불안하잖아요. (웃음) 왔어, 왔는데, 다섯 시에 온다고 전화했던 사람이 밤 12시 반에 온 거예요. 와서는 나보고 뭐라고 하는지 알아요? (웃음) 내일 오후까지 이 앨범이 인쇄소로 넘어가야 한대요. "그걸 왜 지금 얘기를 해?" "하다 보니 그렇게 됐어" "미친 거 아냐? 그럼 나는 지금부터 내일 오후까지 작업을 해야 하는데" 그 재킷 자체가 거의 한 번 접는 정도밖에 없을 거예요. 왜냐하면 그럴 시간이 없었어요. 그럼에도 했었죠.

지   그때 그 싱글 앨범 가격을 가지고 논쟁이 벌어졌었죠. 신해철 님은 싱글 앨범을 활성화해야 한다고 생각해서 가격을 싸게 책정했는데, 도매상에서는 정규 앨범 가격을 받았거든요. 어차피 팬들은 사니까.

전 논쟁적 인간이었죠. (웃음)

지 지금 시점에서 아쉬웠던 점은 어떤 것이 있었나요?
전 뭐라고 할까요? 너무 좋은 아이디어들을, 아까랑 비슷한 얘기인데요. 가령 예를 들어서 서태지 씨 같은 경우에 앨범의 부제, 명 이런 것들을 다 제가 정해줬거든요. 가령 《굿바이》 베스트 앨범을 할 때, &라고 써 놨어요. END가 아닌 AND라고 했는데, 우리의 전설은 계속된다는 건데, 발음 장난일 수도 있지만, 신선한 아이디어였죠. 제 마음 같아서는 &라는 것을 가지고 좀 더, 뭐랄까 하나의 문화처럼, 정신처럼 포기하기 말고 계속 가라는 어떤 것으로 확장시키고 싶은데, 그냥 앨범커버에 한 번 쓰이고 마는 그런 소재가 된다는 것 자체가 저 스스로는 아쉽죠. 그런 작은 아이디어들이 뭐라고 할까, 인정받지 못한다, 한국에서는. 그리고 또 인정 속에는 어떤 물질적인 인정도 포함될 수 있겠죠. 말씀드렸듯이 외국 디자이너들도 다 그랬을 리는 없다고 생각하는데, 로저 딘 같은 경우에는 판매량에 따라서 인세를 받았다고 해요. 그러면 몇 퍼센트를 받았는지 모르겠지만, 0.1%라고 해도 그분이 하신 수 많은 명작들의 0.1%가 되면 어떻게 되는 건가, 그게 그렇게 됐던 이유 중 하나는 법정 다툼이 한 번 있었다고 하더라구요. 그래서 법정에서 재킷 디자인이라는 것을 어떻게 인정했냐 하면요. 앨범이 하나 팔리면 음악 하는 사람, 기타 등등은 여기서 몇 %를 나눠 먹잖아요. 여기에 그림이 들어갔잖아요. 결국에는 판화하고 같은 개념 아냐? 그러면 5000개가 팔렸으면 5000번째 판화가 되는 거잖아요. 그런 개념으로 인해서 '그러면 여기에 들어갔던 음악과 모든 것들은 팔리는 데로 사람들이 수입을 얻는데, 여기에 아트웍을 만든 사람은 수익이 전무네. 어떻게 이럴 수 있어?' 이런 관점에서 댄 거죠. 그런 관점이 저한테도 적용이 됐다면 저한테도 뭔가 수입이 있었을 것이고, 지속 가능한 작업에 도움이 됐겠죠. 그렇게 되면 1억, 2억 정도면 제가 손해가 나더라도 팬들을 위해서 '언제 사가더라도 사가겠지'라고 생각하고 만들고 싶지만, 건건이 기껏해야 몇백만 원의 디자인비를 받고 작업을 했던 사람으로서는 그렇게 할 수가 없는 거죠. 그런 독특한 아이디어에 대한 인정, 그 작업물에 대한 물질적 인정, 정신적 인정, 이 모든 것들이 90년대에 인정받지 못하던 때였다, 2000대로 넘어오면서부터는 그냥, 앨범 자체가 중요한 것이 아닌 시절로 점점 변화됐잖아요.

스트리밍으로 온 이후부터는 더 그렇게 됐구요. 골수팬들이나 CD를 사는 거지, 대부분 스트리밍으로 듣는데, 아트웍이 어디 있고, 그렇지 않나요?

지 아이돌 시대가 되면서 다시 옛날로 돌아가는 것 같아요. 아이돌 얼굴이 나와야 팔리니까. (웃음)

전 얼굴이 나오는 것이 잘못은 아니죠. 그렇긴 한데, 그만큼 상품이 더 강조되기 시작했다는 거죠. 그렇죠? 얼굴이 딱 찍힌다는 건, 그 음악보다는 '얘네가 나오는 거야', 이런 어떤 표상이니까요. 아이돌이라는 것은 좋게 보자면 스타로 볼 수도 있지만, 우상이 아이돌이잖아요. 그렇게 보자면 상품화되고, 데코레이션되고, 우상화됐다는 거죠. 그게 좋은 것만은 아니잖아요. 상품은 쓰이거나 소비되고, 또다시 대체되니까요. SES건 소녀시대건 핑클이건 간에 반짝하고 나서 사라지고 다른 애들로 대체되는 거잖아요. 그런 시대를 살고 있으니까 계속해서 급하게 소모시켜야 하는 시대를 빨리빨리 살고 있어서 아쉽죠. 가령 저는 제 아트웍 가지고 전시회를 한 적이 한 번도 없어요. 제 쓸데없는 생각 때문에 그런데요. 전시회 수십 번 한 사람들이 있잖아요. 별것도 아닌데. 그 장소나 전시회를 비웃는 것은 아닌데요. 백화점 밑에 조그마한 공간에서 전시한 것도 경력에 넣고, 어디 전시장에서 전시를 했다고 엄청나게 홍보를 하는데요. 저는 사실 그런 것을 잘 못해요. 그런 것을 하면 손발이 오그라드는 편이어서요. 만약에 조금, 저는 넥스트나 또는 신해철뿐만이 아니더라도 한국의 앨범 재킷의 변화의 한 기점으로서 전상일 씨의 작품을 전시를 하겠다, 그 속에는 넥스트도 있고, 신해철도 있고, 그 속에서 아트웍만이 아니라 문화의 변천사를 읽어볼 수 있지 않겠는가, 만약에 이런 기획이 들어와서, 예를 들면 중앙일보가 됐든 어디가 됐든 사옥에 전시장 할만한 데가 충분히 있잖아요. 그런 데서 기획을 해서 한다고 하면 거기서 넥스트 기념품도 팔 수도 있구요. 거기 오시는 분들은 당연히 그런 것을 희구하시는 분들이 오실 거 아니예요. 팔 수도 있으면 소량 만들어 내는 것은 일도 아니죠. 그런 거라도 있으면 계기가 되어서 그런 기념품도 만들 수도 있겠고, 의의가 있겠는데요. 제 성격상 제가 '아, 나 전시해야겠어. 이름을 더 알려야겠어' 이런 것을 잘 못해요. 전시하자고 한 적도 없는데 혼자서 전시해 놓고 이력서에 빼곡하게 써넣는 사람들을 하도 많이 봐와서요. 저도 그런 사람 중에 하나가 되는 것이 싫어서요. 쓸데없는 자존심일 수도 있지만요. 아무튼 그런 것들이 조금 아쉬워요. 음반 재킷 디자인 전시회가 한국에 있었나요? 그걸 통해서 한국의 음악사를 돌이켜보는 기획이 있었나요? 제가 보기엔 없었던 것 같은데, 그것도 한번 해볼 만한 기획이라는 생각도 드는데요. 제가 저를 조금 더 세일즈하거나 누군가가 그런 기획을 하거나, 그런데 저는 그렇게 생각했어요. 세상에 수많은 기획자가 있는데, 아무도 기획을 안 해주는 것을 나 혼자 나서서 '나 이렇게 했지롱' 전시회를 하면서 뭔가 쓸 거 아니예요. 팸플릿이든 어디든. 이렇게 음반이 변해왔고, 음악 시장이 변해왔고. 제가 무슨 팝 칼럼니스트인가요? (웃음) 그렇게 써놓는 거 자체가 웃길 거 같은 거예요. 손발이 오그라들고. 그래서 저는 그런 것을 못 했었고, 그런 것들이 아쉬워요. 우리 기억의 한 부분이었는데, 소멸해 가는 느낌이랄까요?

지　결벽증 같은 것이 있으신 것 아닌가요? (웃음)
전　그럴 수도 있죠. 남들이 하자고 하지도 않았는데, 제 것을 드러내는 것이 조금….

지　그런 제안이 없었다는 것이 이상한데요.

전 결벽증일 수도 있겠고, 괜한 자존심일 수도 있겠는데요. 다른 사람이 이런 것은 전시되어야 해, 정말로. 어떤 기획자가 '한번 해봅시다' 이런 것도 아니고, 저 혼자서 제가 그린 그림을 전시를 통해서 사람들한테 많이 알려야지, 하는 것은 손발이 오그라드는 것 같아요. 아무도 얘기를 안 했는데, 저 혼자서 그걸 해요? 뭘 위해서. (웃음) 어디 정부 예술 문화지원금을 타내기 위해서? 모르겠어요. 저는 그런 성향이 못 되가지고요.

지 작업이 잘 안되실 때 어떻게 하시나요?
전 음악을 들었는데 구상이 안 떠오를 때가 있거든요. 그럴 때는 제가 좋아하는 다른 음악을 들으면서 작업을 하기도 했었어요. 그때 굉장히 많은 작업을 했기 때문에 제가 좋아하는 아트 오브 노이즈라든지, 루이치 사카모토라든지, 토와 테이(Towa Tei)라든지, 그런 음악들을 들으면서 아이디어들을 떠올리곤 했었죠. 그 뮤지션들 한테는 죄송하지만. (웃음) 루이치 사카모토 님이 작년에 돌아가셨잖아요. 반젤리스 님도 작년에 돌아가셨고. 선생님도 그러신지 어떠신지 모르겠지만, 내가 늙었구나, 나이가 들었구나, 하고 생각될 때가 있습니다. 영원할 것 같던 우리 시대의 전설들이, 제가 보면서 커왔던 사람들이 가실 때 '아, 영원한 것이 아니구나' 그분들은 내 삶에 계속 있었으니까요. 그럴 때 되게 도태되는 것 같은 느낌이죠.

지 뭔가 불멸의 존재일 것 같은데.
전 그렇죠. 그분들은 돌아가실 때 하늘로 승천하실 것 같은 느낌이었죠. 특히 반젤리스 님 같은 경우에는 정말 구름 위로 승천하시지 않을까, 류이치 사카모토님 영상은 너무 보기 힘들어서 제가 어디 놔두지도 않았는데요. 돌아가시기 얼마 전에 코에 산소호흡기 다신 채로 가족끼리 〈마지막 황제〉 연주하던 것을 보여주니까 막 우시는 거예요. 너무 가슴이 아파서 저장도 안 했구요. 그런 분들은 불멸은 몰라도 100세까지는 사셨으면 싶었던 거죠.

지 예전 같으면 100세 하면 있을 수 없는 나이라고 생각했는데, 철학자 김형석 교수님만 해도 얼마 전에 100세라고 하신 것 같은데, 지금 105세라고 하시더라구요.
전 재수 없으면 저희도 100세까지 살아야 하는데, 뭐 먹고 살죠. (웃음) 점점 세상이 살기가 힘들어지는 것 같아요.

지 반젤리스는 어떤 앨범을 제일 좋아하시나요?

전 아무래도 《천국과 지옥》 앨범도 좋구요. 존 앤 반젤리스가 같이 작업한 모든 앨범도 좋아하구요. 외국에서 정규 앨범 나오고 한국에 나오려면 시간이 꽤 소요되던 때였잖아요. 지금처럼 즉시적인 때가 아니라. 3년 정도 지나야 나오고 그랬죠. 세운상가 가서 빽판을 사서 듣곤 했죠. 어릴 때는 제일 기분 좋을 때가 그거였어요. 세운상가 가서 마음에 드는 빽판 사서 중국 대사관 앞에 가면 일본 잡지를 많이 팔았거든요. 영화 잡지들, 스크린이나 기타 등등 사가지고, 제가 화과를 좋아하는데요. 그 옆에 유명한 집이 있어요. 그거 몇 개 사가지고 돌아오면 세상을 다 가진 것 같이 뿌듯했었죠. (웃음)

지 앨범 재킷도 《해븐 앤 헬》이 제일 뛰어났던 것 같습니다.

전 A, B면이 한 곡씩이잖아요. 해븐과 헬로 나눠진 셈인데요. 콘셉튜얼하게 뭘 만들어 내기 가장 이상적인 때였다는 생각이 들구요.

지 천사와 악마. (웃음)

전 LP 시절을 회상하는 것은 너무 나이 든 티가 나긴 하지만,

그때가 제일 음악을 즐겨 듣던 때인 것 같아요. 그랬던 저도 아이팟 생기니까 수많은 곡을 제가 리핑을 하건 뭘 하건 간에 쫙 깔아놓고 보니까 잘 찾아서 꺼내서 LP판 위에 올려놓지 않던 곡도 있잖아요. 앞에 5초, 10초 듣고 넘겨요. 너무 나 자신이 인스턴트화되어 가고 있는 것 같은 거예요. 그게 더 발전하니까 스트리밍 시대로 와서 초반에 5초, 10초 듣고 판단하는 건데요. 그때 딱 후킹하지 않으면 안 듣잖아요. 세월이 그렇게 가는데, 그걸 욕하고 있어봤자 소용이 없는 거구요. 그래서 진지한 뮤지션들, 예전에 나와서 그 이름을 갖고 있는 분들 말고, 지금 현재 진지하게 새로 나와서 진지한 자신만의 음악성을 쌓아나가면서 팬덤도 형성하면서 하고 있는 분들이 과연 몇이나 될까를 잘 모르겠어요.

지 컬렉터의 세계에서는 LP가 비싼 가격으로 팔리잖아요. 투자의 대상이 되기도 하구요.

전 젊은 애들이 인스타에 자랑하기 위해서 필카로 찍는다든지, 그런 것은 아주 작은, 지엽적인, 금방 지나갈 수도 있는 트렌드의 일부분이라서요. 시대는 계속 바뀌는 거니까 그걸 어떻게 욕할 수는 없겠죠. 모르죠. 한 십여 년 후에는,

옛날에는 우리가 스트리밍으로 들었었어, 지금은 뇌파로 듣고 있잖아. 그때는 이어폰을 썼다며, 이럴 수도 있는 거죠. (웃음)

지 넷플릭스 블랙 미러에 나오는 것처럼.
전 사람이 상상하는 것은 시기만 다를 뿐 다 이루어진다고 생각해요. 미래에 대한 기억을 갖고 있다고 생각을 합니다. 이것도 5차원적인 이야기지만.

지 해철 님 노래 중에서는 어떤 노래를 좋아하시나요?
전 그건 좀 생각해 보고 말씀드릴게요.

지 좋은 노래가 너무 많아서.
전 갑자기 탁 튀어나오지가 않네요. 지금 질문 못 하신 것이 있더라도 메일이 됐건 문자가 됐건, 왜 돌아서 보니까 '아차 그걸 물어볼걸', 그런 게 있잖아요. 해철이 형 곡들은 어떻게 보면 일관성을 가지고 있잖아요. 제가 늘 이중인격자라고 그랬거든요. 그랬더니 어느 날 자기가 이중인격자라는 곡을 만들더라구요. (웃음) 왜 이중인격자라고 했냐 하면, 염세적이거나 사회비판적인 내용을 노래에 담고 있잖아요. 아무리 밝은 노래라도 어두운 부분이 들어가 있거든요. 전혀 안 그럴 것 같은 〈재즈 카페〉도 염세적이잖아요. 그걸 형이 즐기고 있잖아, 거기에 대해서 답을 내야 하지 않아, 했더니 혼자 생각하더니 그 노래를 만들더라구요. (웃음)

지 〈나는 쓰레기〉야, 도 있잖아요.
전 저는 당당함, 자기 자신을 희화화시키는 것을 즐기는 자세, 그런 것을 높이 사요. 좀 철학적으로 생각해 보면 우리는 모두 쓰레기일 수 있다는 거죠. (웃음) 넥스트의 곡 중에서 3곡을 꼽으면 〈세계의 문-유년의 끝〉〈The Dreamer〉〈The Ocean : 불멸에 관하여〉를 꼽고 싶네요.

지 10주기 맞으면서 어떤 생각이 드시나요? 시간이 빨리 흐르는 것 같기도 하구요.
전 다 그럴 거예요. 2, 3년 전에 벌어진 일 같기도 하구요. 애들 커가는 거 봐도 그렇구요. 기념품 만들면 형수님 먼저 가져다드리고 하는데요. 이쪽 입장에서는 조심스럽게 말하는데, 형수님은 직설적으로 얘기하는 것을 좋아하시죠. 엉뚱한 면도 있고요. 남들은 마왕이라고 어려워하는데, 형수님은 "나는 마왕이고 뭐고 모르겠고, 니가 재밌어서 좋아"라고 하시니까요. (웃음) 원래는 형수님이 관리하시다가 지금은 넥스트 유나이티드에 관리를 위임한 것으로 알고 있는데요. 예전에 해철이 형 뮤직비디오를 만들어 준 친구가 있어요. 광주민주화운동에 대해서 만들었는데요. 방송 금지됐거든요. 광주민주화운동 기념 영화제가 있나 봐요. 소규모로. 그래서 형수님한테 문의했는데, 그런 일이 하도 많으니까 지치거나 피곤하신가 봐요. 넥스트유나이티드에 전권을 위임했으니까 그쪽에다가 물어보라고 하세요. 그런데 거기서 의의나 그런 것들을 전혀 고려하지 않고, 말도 안 되는 액수를 부른 거예요. 그런 영화제가 있으면 그 영화제가 아카데미 시상식도 아니고, 전체 진행비가 얼마 되겠어요? 작게 하는 건데, 그 뮤직비디오 한번 트는데 3000만 원인가 얼마를 달라고 해서 포기했다고 하거든요. 그런 부분에 있어서 조금 아쉬움이 있어요. 넥스트 유나이티드에 몇 명의 직원이 근무하는지는 모르겠는데요. 있어 봤자 한두 명 정도밖에는 안 되겠죠. 그들이 50, 60대도 아닐 거구요. 뭐랄까 이 곡을 어떤 의도로 쓰느냐에 대해서 달라져야 하잖아요. 사실. 광주민주화운동을 기념하기 위해서 예전에 방송 금지되어서 해철이 형이 애통해했었는데요. 어떻게 보면 한을 푸는 것일 수도 있는데, 몇천만 원을 달라니. 그런 부분은 좀 아쉽죠. 그것들을 기억하고 거기에 맞춰 행할 사람이 점점 사라지는구나, 하는 생각이 들었어요.

지 지금 다큐멘터리가 안 만들어지는 것도 그런 영향이 있는 것 같은데요. 해철 님이라면 어떻게 결정했을까, 하는 것을 한번 생각해 봤으면 좋겠다는 생각이 듭니다. 제가 내부 사정은 잘 모르겠지만요. 어느 독립 영화 감독이 밥 딜런 노래를 너무 쓰고 싶어서 밥 딜런 측에 메일을 보냈는데, 무료로 사용하게 해 준 경우도 있었다고 하거든요. 그래서 저는 외부인이지만, 마왕의 팬으로서 걱정이 되는 부분도 있더라구요.

전 해철이 형도 그렇게 했을 겁니다. 한 곡 더 써 줄 테니까 앞에다 넣어달라고 할 사람이죠. 사실 죄송한 말씀이긴 하죠. 안타까운 마음도 들구요. 형이 방송 금지되니까 화가 난 거예요. (웃음) 오히려 하늘에 있는 형의 한을 풀어줄 수 있는 일인데… 상업영화 같으면 모르겠지만, 그런 것들이, 지금 넥스트 유나이티드에서 누가 일하는지 모르겠지만, 답답해지네요.

지 그렇죠. 상업영화는 100억씩 제작비가 들어가기도 하지만, 독립 영화는 1, 2억으로 만들어지니까요. 앞으로 특별한 계획은 없으신가요?

전 저는 영화를 만들려다가 그게 투자자의 이상한 농간으로 엎어지면서 그때 뒷목 잡고 쓰러져서요. 지금도 지병을 가지고 있거든요. 그래서 2015년 이후로 여러 가지 시도들이 다, 영화 시도들이 다 막혔었어요. 그래서 제가 만들고 싶은 영화를 만드는 것이 아직도 꿈이긴 한데, 나이가 너무 들어서요. (웃음) 물론 리들리 스콧 감독처럼 80세가 넘어서도 만들 수 있지만, 젊어서부터 쌓아왔던 것이 있는 거구요. 내가 지금 영화를 만들어서 신인 감독상을 받으면 수상 소감은 '감사합니다. 지금부터 열심히 은퇴작을 준비하도록 하겠습니다' 그것밖에 없다고 얘기하는데요. (웃음) 영화를 어렸을 때만큼은 좋아하지 않는다, 청소년기에는 음악과 영화가 우리 삶에 영향을 굉장히 많이 줬잖아요. 그리고 그때 영화를 보는 자세와 지금 영화를 보는 자세는 음악을 소비하는 자세가 달라진 것처럼 굉장히 달라졌다고 생각해요. 90년대만 해도 칸느에서 그랑프리를 받는 것이 좋은 영화라는 논쟁은 차치하고라도 칸느 그랑프리는 사람들이 이해는 못 해도 가서 봅니다. 지금은 칸느 그랑프리라고 하면 더 안 봐요. 지루하고 재미없는 고루한 영화일 거라고.

지 평론가들이 칭찬하면 더 안 보죠. (웃음)

전 뭐라고 할까, 순수성, 이해가 안 가도 교양으로라도 봐야지, 이런 게 없는 거예요. 나를 잠깐이라도 만족시키지 않는 것을 왜 봐야 해, 이렇게 되기 때문에요. 특정 영화를 욕하려는 것은 아니지만, 멀티플렉스 가면 〈범죄도시〉만 다 하고 있구요. 〈범죄도시〉, 재밌죠. 그런데 그게 한국 영화를 살릴 수 있는 영화는 아니잖아요. 그러니까 지금 가령 예를 들어서 봉준호 감독 같은 경우에는 상업적이건 예술적이건 다 인정받은 유일무이할 정도의 감독이잖아요. 그런데 전에 그런 인터뷰를 하더라구요. 지금 영화를 만드는 후배들에게 너무 미안하다고. 왜? 자기가 맨 처음 시작했던 2000년대 초반만 해도 특이한 것이든, 상업성이 좀 부족해도 입봉할 수가 있었는데요. 지금은 사전에 차단되어 버리기 때문에 오히려 영화사 같은 경우에 있어서는 투자자들이 원하는 것을 만들어서 제공하는 OEM 방식에 가까운 정도가 되어버렸기 때문에요.

지 신인 감독들에겐 더 그렇죠.

전 그건 CF도 마찬가지예요. 수십 년 동안 평생을 해온 친구가 있는데요. 거의 일거리가 없어서 굶어 죽기 일보 직전이라고 해요. 제일기획에서 일하다 나와서 한때 한국의 CF 음악을 다 했던 친구인데도 왜 그러냐 하면요. 제일기획 같은 데가 제일 큰 클라이언트잖아요. 그런데 CP가 기껏해야 40대 초반이란 말이에요. 그런데 얘는 60년대생이죠. 그러면 일단 CP가 일을 시키기가 약간 힘든 거예요. 갑이니까 밤이건 낮이건 일요일이라도 나와서 해주세요, 해야 하는데, "수정 들어가야 할 것 같은데" 이거 자체가 피곤한 거예요. 그러니까 안 써요. 먹고 살기 자체가 힘들어지는 거죠. 그 정도 경력을 갖고 있는 친구도. 그렇게 됐네요. 모든 것들이 그렇게 흘러가고 있어서 진지한 생각을 가지고 있는 사람이, 그것이 음악이건 영화건 소설이건 책이건 뭐건 간에, 진지성이 오히려 흥행성을 막아버리게 되니까요. 문화계가 다 그런 것 같아요. 걱정이 많은데, 그래요. 해철이 형 같은 경우에 만약 형이 지금 데뷔했으면 어땠을까, 형도 힘들었겠지, 하는 생각이 들어요. 세월이 많이 흘렀네요. 어쨌든 간에 그런 문화적인 것들을 소비하는 주 타깃이 20, 30대이기 때문에 거기 타게팅을 하고서 나갈 수밖에 없는 거라서요. 신해철 10주기라고 하면 그때를 기억하는 낮아 봐야 40대, 50대 이 정도를 대상으로 하는 것이지, 20, 30대는 삼촌 때문에 들었던 몇 명 빼고는 없을 것 같아요. 그런 세상이라서요. 기념하는 어떤 것은 필요하겠지만, 우리끼리 작게 모여가지고 회고하는 정도겠죠.

지 LP가 붐이 일어나면서 의외로 LP 바에 젊은 친구들이 많이 오더라구요.

전 그것하고 비슷한 것 같아요. 지금 위스키가 인기잖아요. 그게 왜 힙한 문화가 됐는지 모르겠는데요. 돌고 도는 건지 모르겠지만, 어쨌든 간에 그런 게 계속 지속 가능하리라고 별로 생각되지도 않구요. 새로운 것이 없나 돌다 보니까 그런 것 같구요. 예를 들어서 가로수길은 불과 몇 년 전만 해도 뜨거웠는데, 지금 가보세요. 임대 써 붙여 놓은 데만 잔뜩 있잖아요. 또 놀라운 것은 압구정 길이 다 죽었다가 또 난리예요. 빙빙 도는 거죠. 지금은 성수동에 다 몰려가지고 지하철에서 깔려 죽을 것 같다고 하는데, 빙빙 돌면서 새로운 것이 없나 찾아 나가는 건데요. 그런 속에서 뭐라고 할까, 진정성을 가진 사람들이 어떻게 살아남아야 할지에 대해서는 점점 오리무중이 되고있는 것 같아요.

젊어서 돈을 벌어서 부동산 투자라도 해서 월세라도 나오는 사람들 빼고는 먹고사니즘에 다 매몰되어 있기 때문에요. 힘든 것 같아요. 자꾸 힘 빠지는 얘기만 계속해서 죄송합니다. (웃음)

지　제가 궁금한 게 있으면 또 연락드리겠습니다.
전　얼마든지요. 해철이 형에 관련해서는 사명감 때문에라도 할 테니까요.

크라잉넛 라이브공연 중에

한경록

한경록은 대한민국을 대표하는 인디밴드 크라잉넛의 베이시스트다. 사람을 좋아해서 주변에 늘 사람이 모이기도 하고, 기획력도 뛰어나서 한경록이 만드는 행사는 금세 화제가 되곤 했다. 인디음악를 늘 지원했던 신해철은 〈고스트 스테이션〉을 통해 크라잉넛을 자주 소개했고, 록 페스티벌 무대에서도 자주 마주친 그들을 사랑하고, 아낌없이 격려해 주곤 했다. 신해철 님이 돌아가시기 직전 한경록은 트위터를 통해 "형님, 빨리 일어나세요"라고 말했지만, 그 바람은 이루어지지 않았다. 신해철과 크라잉넛의 화학적 결합을 많이 보지 못한 것이 못내 아쉽다.

부싯돌 같은 우리 형, 신해철

신해철 님은 본인의 음악을 사랑하는 것만큼, 밴드 후배들을 아끼고 사랑했습니다. 말로만 그런 것이 아니라 방송을 통해서, 사회적 발언을 통해서 인디 진영을 알리고 지원하는 노력을 해왔습니다. 크라잉넛은 데뷔 30년을 앞두고 있는 우리나라의 대표적인 인디밴드입니다. 상당한 인지도가 있는 밴드임에도 불구하고 여전히 초심을 가지고 클럽 공연을 다니고 있습니다. 그렇게 꾸준히 초심을 가지고 음악을 하는 크라잉넛을 신해철이 좋아하지 않을 수는 없겠지요. 그중에서도 캡틴록이라는 별명을 가진 베이시스트 한경록 님은 독특한 개성의 소유자입니다. 전설적인 밴드 노이즈가든과 로다운30의 기타리스트이자 리더인 윤병주 님은 "한국에서 로큰롤 자격증 소유자는 한경록뿐!"이라는 말을 한 적이 있습니다. 그럴 정도로 자유로운 정신으로 이런저런 기획을 해내는 한경록을 흐뭇한 눈으로 바라보는 사람들이 많습니다. 친구들끼리 호프집에서 했던 생일 파티는 어느덧 120여 밴드와 뮤지션들이 참여하는 홍대 3대 명절 중 하나인 경록절로 하나의 거대한 페스티벌이 되었습니다. 경록 님은 신해철 님에 대해 "해철 형은 레오나르도 다빈치 같은 사람이었다"고 회고합니다. '신해철 정신'과 크라잉넛, 한경록 정신의 본격적인 스파크를 보지 못한 것이 못내 아쉽다는 생각이 듭니다.

지승호(이하 지) 본격적으로 들어가 볼까요? (웃음) 해철 님과 공연장 같은 데서는 많이 마주치셨을 것 같은데요.

한경록(이하 한) 네. 공연장에서는 많이 마주쳤죠.

지 당연히 그랬겠죠. (웃음)

한 페스티벌에서도 많이 마주쳤구요. 일단 해철이 형이 방송했던 〈고스트 스테이션〉(이하 〈고스〉)에서 여러 번 만났습니다. 그때 진지하게 이런저런 음악 얘기도 나누고, 밴드 얘기도 많이 나눴었죠. 이따가 또 질문하시겠지만, 그 당시 〈고스〉에서 인디밴드를 위한 프로그램을 운영했었는데요. 그것을 그렇게 장기적으로, 주기적으로 하는 매체가 없었죠. 그리고 소소하게 이런 움직임이 있다고 하더라도, 해철 형은 지금으로 따지면 인프루언서죠. 유명인이고, 메이저에서도 네임드잖아요. 인디 음악은 어떻게 보면 메이저 음악에 비해서는 소외시 된 음악인데, 여기에 포커싱을 해주고, 관심을 많이 가져주셨죠. 해철이 형의 마니아가 어마어마하잖아요. 음악을 좋아하기도 하고. 그런 분들이 〈고스〉를 통해서 '요즘 인디밴드 동향이 이렇구나' 하는 것을 알 수 있었구요. 잘은 기억 안 나는데 인디 차트가 있었던 것 같기도 한데, 오래되가지고.

지   인디 차트가 있었죠.

한   말 그대로 순위가 나름 중요하겠지만, 그래도 조금 다른 느낌으로 경쟁이라기보다는 신나는 일 같았을 것 같아요. 밴드들도.

지   판을 깔아주기도 했고, 공덕동에 엔터 사무실을 차려서 사업화하기도 하셨죠. 몇 밴드를 매니징하기도 하셨구요.

한   그랬었죠. 생각해 보면 음악 외적으로도 다양한 시도들을 많이 하셨고, 진짜 아티스트였습니다. 얼마나 호기심이 많았겠어요. 신해철이라는 악기를 사용해서 세상에 연주를 해본 거죠. 세상이랑 부딪히면서 무슨 소리가 나는지. 논객으로서, 음악인으로서, 기획자로서, 프로듀서로서. 사람도 재밌었구요. (웃음) 어떻게 보면 진짜 좀 재미지게 살았다고 볼 수 있을 것 같아요. 물론 호불호가 갈리고, 활동을 해오시는 동안 역경이 얼마나 많으셨겠어요?

지 본인은 하도 욕을 많이 먹어서 오래 살 거라고 말씀하셨었는데요. 아프셔가지고.

한 뉴스를 듣고 황당했죠. 저는 그 전날 형님 상황이 안 좋다고 그래서, 최근에 인터뷰를 하면서 들은 얘긴데요, SNS에 제가 '형님, 빨리 좀 일어나셨으면 좋겠어요'라고 썼다고 하더라구요. 정말 꿈에도 몰랐죠. 다음날 갑작스럽게 그렇게 되실 줄은 꿈에도 몰랐습니다. 기도도 하고, 그랬는데….

지 크라잉넛하고는 공연장에서 자주 만나셨다고 하셨는데요. 특별한 인연이나 기억은 있으신가요?

한 특별하다기보다는 대기실을 같이 쓰기도 했구요. 기억에 남는 것은 들국화 선배님 25주년 축하 기념 공연이었던 것 같은데요. 여러 아티스트들이 모여서 했는데, 그때 신해철 형님과 처음 대화를 해봤던 것 같기도 해요. 완전 록스타였죠. 저희 학창 시절부터 너무너무 좋아한 선배님이셨고. 그때 기억이 많이 나는데요. 똑같았어요. 방송이랑. (웃음) 오버하는 것도 없고, 그냥, '실제 목소리도 저음이시구나' 하는 생각이 들었고, 그렇게 무게 잡지도 않으셨어요. 가

법게 저희를, 편하게 대해주셨죠.

지 동네 형 같은 느낌이죠.
한 기분 좋게 껄렁껄렁하면서 친근하게 대해주셨던 거 있죠. 〈사랑한 후에〉를 부르셨던 것 같은데요. 대기실 모니터 조그만 것에 도란도란 모여가지고 "와 좋다" 하고, 전인권 선배님도 옆에서 "오, 잘한다. 원키로 부르는 것 같은데" 하고 따라 부르기도 하셨고.

지 부르기 쉽지 않은 노랜데, 어려운 것만 자기한테 맡긴다고 투덜대셨던 것 같은데. (웃음)
한 하하하하. 다 소화하시잖아요. 대기실에서 만나면 반가워해 주시고, 저희를 좋게 봐주셨어요. 밴드라고. '인디밴드를 오래 했으니까 니네들이 잘 이끌어줘야 한다'고 하셨고, 방송도 같이하고. 그때 '술 한잔하자, 하자, 언제 한잔하자'는 말씀을 자주 하셨구요. 〈고스〉 나갔을 때가 군대 제대하고 얼마 안 됐을 때일 거예요. 아마도 제대하고 첫 매체였을 겁니다. 2005년에 제대를 했는데, 아마 맞을 겁니다.

지 벌써 20년이 지났네요.

한　머리도 아주 짧은 상태였고, 군기가 덜 빠져서 어색했죠. '다나까'로 말이 끝나고, 경직되어 있으니까 "야, 아무렇게나 해도 돼" 그러셨죠. (웃음) 형님 스튜디오 작업실로 갔었거든요. 뭐, 꼬냑 한잔 마시고 해, 그러시면서 엄청 재밌었어요.

지　그때가 공덕동이었나요?
한　강남 쪽이었던 것 같은데요. 인터뷰해 보면 알잖아요. 이 형님이 우리를 찐으로 좋아하시는구나, 우리를 진짜 알고 있구나, 그러면서 애정 어린 멘트와 함께 공연 홍보를 기가 막히게 해주시더라구요. 컴백 콘서트로 기억되는데요. 나중에 보컬 (박)윤식이가 그러더라구요. 같이 술자리를 가졌다고 해요.

지　경록 님은 안 가시고?
한　윤식이만 어떻게 가게 됐어요. 신해철 형님께서 기분 좋으니까 갑자기 차고 있던 시계를 풀어서 윤식이한테 줬다는데요. 솔직히 부담스럽잖아요. (웃음) 어떻게 보면 진짜 동네 형처럼 계산적이지 않고, 좋으니까 준 거예요. 저도 좀 그렇긴 한데요. 윤식이가 "아유, 제가 어떻게 이런 걸 받아

요?" 했더니 "괜찮아"하고 주셨다는 에피소드가 있죠. 저도 그 자리 갈 걸 그랬어요. (웃음)

지 마왕이 고스에서 인디 방송을 꽤 오래 하셨잖아요. 〈브로콜리 너마저〉의 데뷔 무대도 그 방송이었다고 들었는데요. 인디 진영에 어느 정도 영향을 끼쳤다는 생각이 듭니다. 어떤 부분에서 긍정적인 영향을 끼쳤다고 생각하십니까?

한 일단 그렇게 이슈를 만들어 주시면 관심을 갖게 됩니다. 굉장히 어려웠을 거예요. 지금도 느끼는 것이, 인디에서 아무리 잘돼도 시장 자체가 크지는 않아요. 아이돌 같은데 비교하면. 인디신도 다른 쪽에서 보기에 '어, 재밌어 보이는데. 이게 뭐지. 얘네들' 하고 살짝 관심을 갖게 만들어주셨죠. 록 음악만 듣던 청자들, 마니아들도 하나하나 알게 되고, 해철이 형님 생각하면 왠지 덕질을 하시는 분들이 많이 관심을 가졌을 것 같기도 한데요.

지 아무래도 그렇죠.

한 해철이 형 음악이 워낙 다양하잖아요. 《라젠카》부터 애니 쪽에도 관심을 갖고 계시고 하니까, 아마 여러 분야에서 인디 쪽에 관심을 갖게 되구요. 어떻게 보면 인디 하는 친구들이 음악 할 때는 되게 열정적이어도 스스로 홍보를 못 하는데요. 예전에는 더 그랬던 것 같아요.

지 자유분방하면서도 쑥스러워하기도 하고.
한 자기 PR이나 잘난 척이라고 생각되는 것을, 잘난 척도 아닌데, 굉장히 어색해하고 쑥스러워하는 그런 면이 있죠. 그래서 자기 음악에 골몰하는 면도 있는데요. 그런 것을 조금 더 수면 위로 끌어올려서 '야, 괜찮아' 해주셨던 측면도 있었다고 생각합니다.

지 개인적으로 대화를 나누시고는 어떤 인상을 받으셨나요? 음악 선배로서 조언도 해주셨을 것 같은데요.
한 그런 스토리가 사실은 좀 부족해요. 밴드 인터뷰 때 얘기를 많이 하고, 기억이 좀 안 나는데, 사적으로는 거의 농담 따먹기 식으로 얘기를 했던 것 같아요.

지 편하니까.
한 그랬던 것 같아요. 여름 때 공연하고, 웃짱 까고 대기실 돌아다니면 "몸 좋다. 너 정도 되면 나는 바로 문신 하나 팠다" 그러시고, 계속 농담 식으로 많이 대해주셨죠. "잘한다. 니네" 하고 격려해 주시고.

지   애정을 가지고 편하게 생각하니까 농담도 하셨을 텐데요. 로다운30, 노이즈가든의 기타리스트 윤병주 님이 "한국에서 로큰롤 자격증 소유자는 한경록뿐!"이라는 말씀도 하셨는데요. 어떤 정신의 대표적 소유자로 본다면, 해철 님도 그런 면이 있으시잖아요. 신해철이라는 캐릭터가 가진 어떤 정신이 있다고 생각됩니다. 경록 님이 보시기에 신해철이라는 뮤지션은 어떤 뮤지션이었다고 생각하시나요?

한   그 형은, 진짜 부싯돌 같은 사람이었다고 생각해요. 가만히 안 있어요. 보니까 가만히 못 있어요. 일단 진짜 로커 같은 사람은 삐딱한 시선이 있잖아요. (웃음) 자기가 사유도 많이 하고, 자기 주관과 안 맞으면 부딪히고 보는 것 같아요. 부싯돌처럼 세상과 부딪혀 보고, 스파크를 팍팍 내는 거죠.

지   그러다 불이 붙을 수도 있고.

한   사람들이 보기에 뭐야, 하고, 번쩍번쩍하니까 모여들고, 논객으로서도 활동을 많이 하고, 음악으로서도 그렇고, "이 형이 또 뭐 한대" 그러면 "저요, 저요" 하잖아요. 그리고 보석 같은 곡들이 있잖아요. 음악이 없었으면 예술가가 아니라 그냥 논객 중 한 명일 뿐이었을 텐데요. 이 사람은 예술가구나, 빛을 만들어 낼 줄 아는 예술가구나, 하는 그런 인물로 기억이 되구요. 저희 인디신은 고맙죠. 예술가들을 위해서 발언을 많이 해주셨던 것 같아요. 라이브 클럽 문화라든지, 인디밴드 문화라든지, 그 당시 많이 논란이 됐을 거예요. 저도 최근에 인터뷰하면서 알게 됐는데요. 뉴키즈온더블록 사고가 났을 때 사실 공연 기획자들이 준비를 잘못해서 벌어진 안타까운 사고였는데요. 매체에서 '스탠딩 공연이 문제가 있는 것 아니냐?'고 하니까 "그게 문제가 아니다. 우리 공연 문화가 얼마나 건전한데" 하는 얘기를 계속 해주셨구요. 그런 데 대해서 절대 흔들리지 않았던, 그런 멋진 형이었던 것 같아요. 중심이 되어 주고. 논란이 있을 때마다 목소리를 한 번씩 내주시고.

지 해철 님 곡 중에서는 좋아하는 곡이 어떤 곡이 있나요?

한 저는요. (웃음) 진짜 무한궤도 시절부터 크라잉넛 애들이 다 좋아했거든요. 저희들 네 명이 초중고 동창이니까 테이프 사면 돌려 듣고, 더블데크로 녹음해서 듣고 그랬습니다. 국민 히트곡인 〈그대에게〉도 좋아하지만, 무한궤도 첫 번째 곡이 〈우리 앞에 생이 끝나갈 때〉잖아요. 중학교 때인가, 그 테이프를 사서 듣고 충격을 받았죠. 솔직히 대중가요가 사랑을 노래하는 것이 꼭 나쁜 것은 아니지만, 80, 90%는 그쪽 감정에 대해서.

지 필요하긴 하지만, 좀 많았으니까요. (웃음)

한 그런데 철학적으로, 10대의 죽음까지도, 내 마지막 순간에 행복하게 살았나, 후회 없이 살았나 하고 돌이켜보자고 하는 것을 그 나이 때 그러니까 지금보다 더 충격이었어요. 벌써부터 죽음을, 죽을 때 후회 없노라고 말할 수 있을까, 라는 사유, 생각을 하게 되는 곡이어서요. 임팩트가 지금도 되게 크게 꽂혀요. 그 당시 노란 종이에 인쇄된 500원짜리 피아노 악보와 코드 적힌 것을 샀어요. 피아노도 못 쳤었는데. (웃음) 그래서 최근에 또 들어 봤거든요. 아직까지도 유효한 그런 고민이 담긴 곡이더라구요. 그 가사 시작이 '흐린 창문 사이로 하얗게 별이 뜨던 그 교실'이잖아요. 학창 시절 창문으로 햇살이 비치는 듯한 곡이었던 것 같아요. 가장 인상이 깊었고, 그리고 신해철 1집 《Myself》가 저한테는 명반이었던 것 같아요.

지 명반이죠.

한 자기 자신을 깊게 돌아보는, 예를 들어서 〈50년 후의 내 모습〉이나 〈나에게 쓰는 편지〉, 그런 곡들도 있잖아요. 50년 후의 내 모습, 그런데 그 모습이 없잖아요. 하지만 음악으로 남아 있는 것 같아요. 음악으로 존재하고 있으니까. 얼마 전에 그 1집을 쭉 들어 봤는데요. 내가 알게 모르게 신해철 형님한테 음악적으로도 영향을 많이 받았구나, 하는 생각이 들었어요. 옛날에 테이프가 늘어지게 들었으니까 그랬겠죠. 저한테는 그런 앨범인 것 같습니다.

지 그땐 잘 모르고 있다가 나중에 생각해 보면… 크라잉넛이 해철 님 노래를 리메이크한다면 어떤 노래를 하고 싶나요? (웃음)

한 해철이 형님 몇 주기인지는 기억이 안 나는데, 출연해서 〈안녕〉을 리메이크한 적이 있거든요. 명곡이죠. 심플하면서도 베이스라인부터 다 살아 있어요. 버릴 게 없는 곡이죠.

지 당시로 봐서도 그렇고, 지금 들어도 세련된 곡이죠.

한 진짜 안 촌스럽게 잘 녹여내고, 저희 반에서 〈재즈 카페〉 랩을 다 따라 불렀어요. 그게 추억이 될 것 같기도 하구요. 하면 재밌을 것 같아요. 옛날 생각 나기도 하고.

지 공연장에서 신해철 님 10주기 때나 이럴 때 해주셔도 팬들한테 좋은 선물이 될 것 같다는 느낌이 듭니다.
한 너무 좋죠. 너무 좋죠.

지 크라잉넛 노래 중에서 해철 님과 피쳐링해서 같이 하면 어울리겠다는 생각을 하는 노래가 있나요? 해철 님의 보컬이 독특한 요소도 있구요. 해철 님이 피쳐링한 곡 중에서 명곡들이 꽤 있더라구요. 한상원 님의 《펑키 스테이션》에 들어 있는 〈너의 욕심〉도 좋구요.
한 형님 살아계셨으면 어떤 식으로든 작업을 같이 했을 것 같아요. 공연 기획도 마찬가지고. 아이디어들이 얽히면 새로우면서도 독특한 뭔가가 나왔을 것 같습니다. 새로운 과일 같은 것이 열렸을 것 같아요. 이상한 모양과 이상한 색과 이상한 향의. 진짜, 그리고 그 형님은 신기한 것이, 제 생각에는 그런 새로 나온 툴 같은데 적응 능력이 굉장히 빠른 것 같아요. 그것도 천재적이에요. 관심 있고, 노력하지 않으면, 공부하지 않으면 안 되는 거거든요. 그런데 음악이야 당연히, 탑 티어 정도로 앞서가고, 편곡도 되게 좋았구요. 알게 되면서 시간이 지날수록 생각해 보면 그런 것 같습니다. 영상 쪽도 대단한 것 같아요. 뛰어나신 분이다, 이렇게 생각이 되더라구요. 그리고 밴드 리더로서 이끌고 가는 것도 대단한데, 기획사도 하셨고, 공연 기획도 하고, 따지자면 레오나르도 다빈치 과죠. 미켈란젤로처럼 한 분야를 파는 사람이라기보다, 미술도 잘하는데 과학, 발명, 여러 가지 다 잘하시는 분 있잖아요. 그런 분 같아요.

지 아쉬운 게, 조금 전에 말씀하셨듯이 어떤 식으로든 같이 하셨을 거라고 하셨는데요. 크라잉넛도 30주년을 앞두고 있는 역사적 밴드잖아요. 신해철이란 역사와 크라잉넛이 만났으면 스파크가 튀었을 것 같은데요. 2014년도에 의욕적으로 활동을 재개하셨다가 사고를 당하신 거라서요. 하고 싶으신 것을 쭉 펼쳤다면 어떤 것이 나왔을지 궁금하구요. 경록 님 말씀처럼 앞서가는 부분이 있으신 게 미디 시퀀서를 한국에서 처음으로 도입해서 대중들에게 알리기도 했구요. 〈나는 꼼수다〉 팟캐스트가 유행했던 것이 2011년인데요. 이분은 2000년대 초반부터 팟캐스트 방송이나 유튜브 방송의 원형 같은 방송을 만드셨거든요. 너무 앞서가셨죠. 이제 그 결실을 맺을 시점이었는데….

한 천재예요. 자유롭구요. '왜 안돼' 그런 식의, 편견 자체가 없구요. 유튜브도 하셨겠지만, 유튜브 비슷한 툴을 본인이 만드셨을 것 같아요.

지 이미 실험을 해보셨으니까, 굉장히 잘하셨을 것 같구요. 크라잉넛과의 협업도 기대할 수 있었을 것 같구요.

한 이제 제가 해야죠.

지 '신해철 정신'이란 게 있다면 그것을 사람들이 각자 이어받아서 자기 삶이나 자기 세계 속에서 펼쳐나가는 게 이분을 위한 일이라는 생각도 듭니다. 크라잉넛이 내년에 30주년인데요. 사실 밴드 멤버가 레드제플린이나 퀸처럼 안 바뀌고 쭉 간 밴드도 있지만, 오아시스처럼 형제인데도 싸우느라 밴드를 유지하기 힘든 경우도 많잖아요. 최근 재결성 소식이 들리긴 하지만요. (웃음) 30년을 같은 멤버로 재밌게 음악을 할 수 있었던 비결은 뭐라고 생각하십니까?

한 음….

지 너무 자연스러웠던 건가요? (웃음)

한 여러 가지 요소들이 있는데요. 한 번 더 스캔을 떠보고 있습니다. 뭐였을까, 하고. (웃음) 일단 궁극적인 것은 음악과 공연이 재미있었던 것 같아요. 저희한테는 놀이 수단이었구요. 그게 왜 재밌냐 하면, 여러 가지 도파민들이 있잖아요. 재미들이 있는데요. 술도 있고, 자극적인 놀이들도 있고, 스포츠도 있고, 그런데요. 음악, 공연은 누군가와 승부를 보지 않아도 같이 즐거운 에너지가 나오더라구요.

지 그렇죠.

한 저는 좋은 도파민이라고 생각해요. 어떤 에너지를 통해 관객과 뭔가를 만들어 나가는 흐름, 기류 같은 것이 생기거든요. 그게 밴드를 계속 기차처럼 달릴 수 있게 하는 동력인 것 같아요. 진짜. 아직도 재밌어요. 아직도 라이브 클럽 공연이 재밌어요.

지 팬들이 보기에도 즐거운 것이 느껴지니까요. 음악을 즐겁게 하는구나, 하고. 본인들이 즐겁게 해야 팬들도 즐겁잖아요. 본인들이 되게 힘들어하는 것처럼 보이면. (웃음)

한 아무리 개그를 잘하고 멘트를 잘하는 거 보다, 우리끼리 재밌으면 그게 전달이 되는 것 같아요. 말 안 해도 느껴지니까요. 여러 기획사나 많은 팀들이 인디로 출발을 해서 '우리는 큰 콘서트 무대에다 집중을 하고 싶기 때문에 작은 라이브 클럽 공연은 지양한다'는 팀도 있을 수 있구요.

지 선택이니까.

한 우리는 방송을 나가야 되기 때문에, 하면서 선을 긋는 그런 것도 선택일 수 있구요. 대형기획사의 마케팅 차원에서 움직일 수도 있는데요. 저희는 라이브 클럽 공연이 저희들의 뿌리라고 생각합니다. 직접 양분을, 좋은 에너지와 소스들을 얻고, 홍대 라이브 클럽이라는 데서 시작을 했고, 거기서 빨아들인 것이 우리 앨범으로도 나오고, 페스티벌에서도 나오고, 방송에서도 나오고, 다 한 것 같은데요. 그러한 재미와 라이브 클럽에서 얻어지는 살아 있는 에너지가 원동력이라고 생각을 합니다.

지 비유가 적절한지 어떤지는 모르겠는데요. 개그맨 중에서 방송에선 되게 웃기는데 평소에는 진지하신 분이 있고, 생활 자체가 개그인 뼈그맨이 있는데요. 크라잉넛은 생활 자체가 음악인 것 같은 느낌입니다. 그래도 개성이 강한 분들이라 하다 보면 싸울 일도 있고 그렇지 않나요? (웃음)

한 많이 부딪히죠. 그리고 안 부딪히면 안 된다고 생각해요. 얼마나 재미없겠어요. 밴드가 군대도 아니고, 밸런스를 유지한다는 자체가 파도도 치고, 흔들리고, 폭풍도 견뎌내고 해야 새로운 항해도 할 수 있는 거잖아요. 그만큼 단단하고, 유연해야 하는 거죠. 그런데 다 평온하면 명상하고, 요가하지 왜 공연을 보러 오겠어요? (웃음) 저희들끼리 어떤, 뭐라고 할까요? 원자나 분자가 계속 움직이고 그러는 것이 계속 살아있는 것 같아요. 진동, 파동 이런 것 있잖아요.

지 부부간에도 싸움을 잘해야 오래간다고 하잖아요. 싸우고 화해하고 이런 과정을 거쳐야 더 단단해질 수 있는 것 같습니다. 평소 안 싸우는 사람들이 어떤 계기로 크게 싸우면.

한 힘들죠. 난파되는 거죠. (웃음) 그런데 왜 싸움이 없겠어요? 그래도 크라잉넛으로 합주를 하거나 노래를 만들거나 연주를 하면 저희가 잘하고 못하고를 떠나서 30년 가까이를 했잖아요. 서로 읽는 게 있어요. 연주나 밴드의 그루브나 꼭 그렇게 창작을 할 때도 한 명이 다 만들어 오진 않아요. 편곡을 같이하죠. 그 과정에서 의외성으로 나오는 새로운 그런 것들이 굉장히 신선할 때가 가끔씩 있어요. 그런데 다른 뭔가, 다른 영역에서 접해보지 못한, 만족할 수 있는, 30년 만의 뭔가에서 빚어 나오는 그런 오크통을 한 번 거쳐 간, 술 같은 음악이 나오는 것은 다른 느낌인 것 같아요. 그래서….

지 10년이면 강산도 변한다는데, 30년 동안.
한 이 향은 우리 밖에 못 낸다는 느낌을 받을 때가 있어요.

지 홍대 3대 명절 중 하나인 경록절을 처음에 하겠다고 생각하신 계기가 있나요? 사실 어떻게 보면 그것도 용기인 것이요. 누군가는 시니컬하게 조롱할 수도 있거든요. '자기 생일을 명절이라고' 하고. (웃음)
한 있겠죠. 제가 생각해도 민망해요. 태양절이야? 김정은이야? 이럴 수도 있는 건데요 (웃음) 되게 민망한데, 이름도 제가 붙인 것이 아니에요. 진짜로. 친구들끼리 약간 조롱 삼아서 이름을 붙인 건데요. 너무 재밌으니까. 시작은 통닭집에서 했습니다. 호프집에서.

지 닭 날다?
한 밥 딜런, 뤼벡 이런 데서부터 했는데요. 뤼벡이란 데가 꽤 큰 그런 호프집이었죠. 거기 꽉 차면 150명 정도 오긴 하는데요. 조그만 무대가 있었어요. 계단을 내려오면 밑에 약간의 틈이 있잖아요. 거기 미니 드럼 놓고 공연했는데요. 제가 옛날부터 노는 것을 좋아하고, 사람들과 어울리는 것을 좋아해서요. 제가 가는 곳에는 사람이 많아요. 술집을 가면 밴드들이 뒤풀이하러 오고, 밴드들 보러 오는 팬들이 오고, 여기 재밌다고 소문나면 다른 밴드들도 오고 해서. 제가 가면 이상하게 홍대 상권에도 도움이 되고, 아무리 취하고, 뭘 어떻게 해도 홍대 주인들이 저를 좋아해요. 크라잉넛도 좋아하고.

지 사람들을 끌어들이는 매력이 있으신 거죠.
한 그런 게 있나 봐요. (웃음) 제가 계산적이진 못해요.

지 그렇지 않으시니까.
한 놀다 보니까 동료들이나 후배들, "한잔 살게" 이런 거 좋아하고, 서로 깔깔대고, "형 멋있어" 그러면 "그런가? 더 마셔" 그러면서 동네에서 재밌게 놀았거든요. (웃음) 거기 악기들이 있으니까 술 먹고 노래 부르면 옆에서 드럼 치고, 베이스 치고, 기타 치고, 70, 80%가 뮤지션이니까요. 생일날 그 판이 벌어졌는데요. 그때까진 제가 술값을 다 쐈거든요. 일백 정도 나왔을 거예요. 돈 좀 모아놨다가 그날 한턱 제가 쏘는 날인데요. 술 공짜지, 통닭 나오지, 아티스트들이 노래 한 곡 나오면 다 떼창 해주지, 분위기가 너무 좋은 거예요. 한 곡 끝나고 술 마시려고 하는데, "형 나도 한 곡 할래" 하면서 친구들이 한 곡씩 하다 보면 세션이 다 되는 거구요. 그래서 축제가 됐어요. 그게 경록절이 됐는데요. 그렇게 하다 보니까 하나의 어떤 문화가 됐더라구요. (웃음)

지 하나의 긍정적인 판이 깔린 거죠. 페스티벌이 됐고.

한 그런 식으로 가다 보니까 도저히 작은 클럽에는 사람들이 못 들어오는 거예요. 다음부터 그 당시에 무브홀, 지금은 무신사갤러리인데요. 그렇게 스케일이 커지니까 제가 혼자 비용을 감당할 수 있는 게 아닌 거예요. 그래서 맥주 협찬도 받고, 공간 협찬도 받았습니다. 하다 보니까 아티스트여서 제가 세상 돌아가는 것을 몰랐는데요. 기획 일을 한다는 것이 어마어마하게 힘든 일이었더라구요. 그래서 많이 배웠죠. 공연을 만들고, 매니저가 무슨 일을 하는지, 라이브 클럽 사장님들이 무슨 일을 하는지, 수제 맥주 만드는 곳에서 어떤 일을 하는지, 어떻게 모아서 기획을 해서 만드는지, 그때 공부를 많이 했어요. 다 부딪혀 가면서. 그때 개인사업자도 없이 맥주 회사에 찾아가서 맥주 협찬해 달라고 하고. (웃음) 그런데 귀엽잖아요. 당돌해 보이고,

좋은 취지로 하니까요.

지 맥주 회사 홍보에도 도움이 되구요.
한 부딪히면서 배웠죠. 하다 보니까. 돈이 절대 남을 수가 없는 행사거든요.

지 그렇죠.
한 그런데 좋은 일이고, 기다리는 사람들이 "경록절 며칟날 어디서 해?" 하면 "해야 하나?" 하다 보니까 이제는 온라인으로 해서.

지 사흘씩 하셨잖아요.
한 올해는 파라다이스 시티에서도 하고, 공간적으로도 확장, 온라인으로도 확장. 코로나 때 뮤지션들이 어려웠잖아요. 라이브 클럽도 어렵고. 진짜 여기서 경록절까지 안 하면 코로나한테 지는 느낌이 들 것 같아서요. 온라인으로 해보자고 한 거죠. 원래는 안 하려고 하다가 후딱 초중순에 하자 그래가지고, 유튜브 온라인 실시간이랑 받은 영상이랑 섞어서 하이브리드 중계로 18시간 동안 논스톱으로 중계를 해봤습니다. 나눠서 하면 되는데 '우리 살아있어. 나 이렇게 할 거야' 하는 살짝은 돈키호테 같은 정신으로 명청하게 들이댄 거죠. (웃음) 그런 게 낭만이죠, 뭐. 아마 신해철 형도 분명히 뭘 했을 거예요. 코로나 시국에 가만히 있지 않고, 분명히 했을 거예요. 저보다 더했으면 더했지, 재밌었을 텐데요. 그런 것을 알게 모르게 영향을 받지 않았을까 싶어요.

지 서로 영향을 주고받을 수 있는 거니까요.
한 그러니까 제가 경록절 하고 나이를 좀 먹으면서 알게 됐을 때는, 신해철 형님이 가지는 그쪽의 씬이 있잖아요. 제가 알게 된 친한 인디 동료들과 함께 뭘 하면 조금 더 큰 세계관이 펼쳐졌을 텐데요. 그런 아쉬움이 드네요.

지 그분도 뭔가 기획하는데 일가견이 있으시고 하니까, 두 분이 브레인스토밍을 하게 되면, 어마어마한 폭풍이 일어났을 것 같네요. 경록절 하면서 가장 힘들었던 부분은 어떤 부분이 있나요?
한 캡틴락컴퍼니 배여정 매니저님과 저 둘이 80%를 한다고 보면 됩니다. 누가 그래요. "나이 먹고 힘든데, 외주를 맡겨" 하는데요. 아시잖아요. 이런 진정성, 퀄리티가 절대 안 나옵니다. 캡틴락컴퍼니의 색이 묻어나와서 이렇게 이렇게 해야 마음이 우러나오는 거지, 절대 안 나와요. 다 알아요. 사람들은. 내가 고민한 흔적을. 그리고 뛰어다니면서, 섭외하는 게 제일 힘들어요. 왜냐하면 개런티가 없거든요. 조금씩 남으면 20, 30만 원 드릴 때도 있는데요. 아무리 친한 동료 뮤지션이라고 해도 "잘 지냈지?" 하고 연락할 때 평상시와 톤이 달라져요. (웃음) 경록절 다 알아도 한 번 더 얘기를 해야 하잖아요. "경록절이라고 들어봤을 거야. 내 생일인데, 홍대 3대 명절인데" 이 말을 하는 것부터가 에너지와 체력 HP가 확 깎이는 거죠. (웃음) 매년 하는 거지만, 부탁을 해야 하는 건데요. 저는 아티스트잖아요. 남들이 차려준 밥상에서 공연을 하는 것도 일이고, 저는 공연도 해야 하는데요. 이렇게 마음으로 설명하는데, 사실은 전화 통화 몇 분이 안 걸리는데, 에너지가 많이 소진되더라구요. (웃음)

지 부탁을 한다는 것이.
한 한 팀, 한 팀 마음을 담아서 연락을 하는 것이 보통 일이 아닌데요. 대부분 일정이 안 겹치면 흔쾌히 받아주시구요. 최백호 선배님께서는 1분도 안 걸려서, 1초 만에 "내 그거

할게요"라고 하셨는데, 저는 조심스럽죠.

지 대선배인데. (웃음)

한 서서 이러고 전화를 하죠. '선배님' 그런 마음가짐, 알아요. 인디에 이런 역할이 필요하고, 자기가 어떻게 하면 도와줄까, 그런 마음들이 모여서 경록절이 된 것 같구요. 김창완 형님도 "조금만 기다려" 하더니 하루 있다가 노래 만들어서 코로나 시국 때 핸드폰으로 직접 촬영해서 연출까지 하신 거예요. 하루 종일 걸렸대요. 그 바쁘신 선생님께서. (웃음) 오로지 경록절을 위해서. 코로나 때 감동이었던 것이 박재범 씨도 사실은 MBC 〈라디오스타〉에 나가서 만났는데요. 그렇게 친하지도 않은데, 제가 슬쩍 부탁을 했습니다. 도저히 바빠서 최대한 할 수 있는 것이 핸드폰으로 촬영을 간단하게 해서 보내줄 수밖에 없는데, 그래도 괜찮겠냐고 하시는데요. 감동이었죠.

지 더 대박인데요. (웃음)

한 없는 콘텐츠기도 하구요. 자동차에서 찍어서 보내주셨는데, 그런 마음들이 모여서 선후배님들, 장르적으로도 힙합, 발라드, 트로트, 인디, 헤비메탈, 국악, 스카, 레게, 일렉트

로릭, 그리고 영상, 북토크, 요가, 모든것이 그냥 온라인으로 모여서 이 어려운 시기를 한번 돌파해 보자, 그런 것이 한 추억으로 기록이 되어 있구요.

지 60팀 이상 하지 않았나요?
한 올해가 107팀인가 그렇구요. 작년이 120팀이었죠. 작년에 마포 르네상스라고, 코로나가 끝나고, 코로나 시기 때 2인 이상 집합 금지였잖아요. 술집도 그렇고. 그때 집에서 혼자 책을 많이 봤는데요. 르네상스에 대해서 읽었는데, 그 문화가 되게 재밌더라구요. 흑사병이 끝나고, 르네상스가 꽃을 피웠거든요. 그래서 코로나가 끝나고 인디 르네상스를 만들어 보자고 해서 마포 르네상스라고 만들어서 마포 아트센터를 통으로 빌려서 했어요. (웃음) 그때 120팀이 나왔고, 제가 하고 싶은 것들을 다 펼쳐봤죠.

지 김수철 선생님하고도 친하시잖아요.
한 김수철 선배님이 나오셔서 샤라웃을 해주세요. (웃음) 그런데 정말 좋아하셨어요. 이렇게 젊은 뮤지션들과 MZ세대 초월해서 홍대 라이브 클럽에서 공연하는 것을 좋아하셨죠.

지 소년 같은 데가 있으시죠.

한 천재예요. 소년이시구요. 그게 가시지가 않더라구요. 최근 앨범 너무 좋던데요. 미쳤던데요. (웃음)

지 CD로 나왔나요?

한 저는 음원으로 들어봤는데요. 정말 김수철 선배님 영향을 많이 받았구나 싶었어요. 신해철 형님, 김창완 형님, 저한테도 그렇고, 크라잉넛도 그렇고, 안 받을 수가 없었죠.

지 김수철 선생님은 올림픽이라든지 국가적 행사의 음악 감독도 하셨는데요. 크라잉넛도 그런 제안을 받을 수 있지 않을까요?

한 글쎄요. 김수철 선배님은 정말 공부를 국악도 그렇고, 많이 연구를 하고 투자를 하신 것 같은데요. 저희는 그런 것보다 밴드, 로큰롤 인생으로 가지 않을까 생각합니다. 놀아야죠. 공부를 어떻게 해요. (웃음) 저희는 삶을 노래하고 싶어요.

지 경록절이나 그런 것을 통해서 뭔가를 더 시도해 보고 싶으신 것은 있으신가요?

한 그때그때 떠오르는 것들을 해나가고 있는데요. 머릿속으로 구현해 나가는 것은 거의 다 실현이 됐어요. 생각하고 있는 것은 많지만, 영상 쪽도 영화처럼 한번 만들어 보고 싶기도 하구요. 그런데 이제 실시간 영화 같은 느낌도 있고, 스토리가 있는 것도 하고 싶구요. 기획도 되게 재밌는 것이 많이 생각이 나더라구요. 기획도 창작의 일환이라고 생각합니다.

지 음악을 작곡하고 이런 것도 머릿속에서 기획을 하는 것이라고 생각할 수 있으니까요.
한 예술 자체의 콘텐츠들이 하나의 물감, 내지는 하나의 건반이라고 생각을 해요. 그런 것들로 연주를 하는 것이 기획이라고 생각합니다.

지 독특한 경험들을 통해서 만들어진 그런 것 때문에 자격증 얘기가 나왔던 것 같은데요. (웃음)
한 윤병주 형이 그 얘기를 하는 바람에. (웃음)

지 행정 쪽으로 제안이 들어오면 하실 생각이 있나요? 문화부 장관이나. (웃음)

한　조금 더 지혜롭고 덕이 있으신 분이 그쪽으로 하셨으면 좋겠어요.

지　실무적으로 기획을 많이 해보신 분이 해야 하는데. 올림픽도 보면 배드민턴 안세영 선수가 협회 분들과 갈등이 생겼잖아요. (웃음)
한　답답한 상황이죠.

지　그래서 젊은 에너지를 사람들이 원할 것 같기도 하고, 그런 일이 많이 생겼으면 좋겠습니다. 10월 27일이 신해철 님 10주기인데요. 어떤 생각이 드시나요? 어떻게 보면 엊그제 같기도 하고.
한　시간이 참 빠르죠. 진짜 안타까운 별이 진 건데요. 그 빛의 잔상이 꽤나 오래 남는 것 같아요. 보석 같은 빛깔이 꺼지질 않더라구요. 열기가 아직도 남아 있구요. 글쎄요. 그 빛깔을 저희의 음악을 통해서 계속 이어가야죠. 그래도 10주기니까 해철이 형님이 많은 분들에게 회자가 되고, 그 음악이 얼마나 가치 있는지에 대한 얘기가 많이 나와야 한다고 생각하구요. 그리고 신해철 형님의 그러한 거침없이 부딪히는, 조금 피곤하더라도 로큰롤이라면 그렇게 부딪히면서 가는 정신을 이어받았으면 좋겠어요. 지금 뮤지션들이. 계속 나아가고, 새로운 시도도 하고, 넘어져도 보고, 계속 일어나면서 달려가야죠.

지 너무 멋진 얘기들 감사합니다.
한 도움이 됐는지 모르겠네요.

지 만약 해철 님이 하늘에서 이 얘기를 들으시면 굉장히 흐뭇해하실 것 같습니다. 우리 경록이가 많이 컸네, 하시면서 좋아하실 것 같네요. (웃음)
한 진짜 아쉬운 것이, 저희가 그때는 너무 어려서 형님과 그런 진솔한 대화를 나누기는 어려웠던 것 같아요. 그 나이 때는 못 알아듣는 예술적이거나 철학적이거나, 인생에서 그런 게 있었을 것 같은데요. 이제 만나면 두런두런 음악과 아니면 사는 얘기, 그냥 사는 얘기를 해보면 되게 재밌을 것 같아요. 있잖아요. 동네 인디 뮤지션 밴드 동생들이 "형 한잔해요" 좀 많이 그러더라구요. 사는 얘기를 듣고 싶대요. "밴드 어떻게 해?" 하는 얘기를 듣고 싶어 하는데, 물론 좋은 선배님들이 많은데요. 저희랑 신해철 형님 사이 같이 사촌 형 같은 나이대의 물어보고 싶은 형은 진행형

로커로서는 많이는 없는 것 같아요. 밴드 하는 사람 중에서는.

지　지금 음악 하는 후배들에게는 롤모델이고, 크라잉넛에게 궁금한 게 얼마나 많겠어요?
한　그렇습니다.

지　그것을 한 번씩 정리해서 후배들한테 들려주고 싶은 얘기를 책으로 내도 괜찮을 것 같은데요.
한　그런 얘깃거리들이 많이 있어요. 유튜브로 만들어 볼까, 생각하고 있기도 하구요.

3부

마왕을 만나는 16가지 키워드

재능이나 매력과 성품이 다양하고 다채로운 사람을 일컬어 '팔색조(八色鳥)'라고 하잖습니까. 신해철이야말로 일생 내내 팔색조로 살다간 사람이잖아요. 그런 그의 추억할 만한 면모를 하나하나 들어 보여주려 합니다. 다름 아닌 '마왕을 만나는 16가지 키워드'랍니다. 이는 신해철 5주기 책, 《아, 신해철!》(2019)의 2부 '키워드로 다시 만나는 마왕'을 재구성, 재편집한 것인데요, 신해철을 이해할 최고최적의 단서들을 다시금 봐볼 필요와 가치는 실로 큽니다.

세대를 뛰어넘은 기나긴 생명력, 〈그대에게〉

방송작가인 지현주는 〈그대에게〉에 대해 이렇게 말했다.
"그분의 대학가요제 데뷔곡은 가히 혁명이라고 생각합니다."
그런데 아쉽게도 왜 혁명이라고 생각하는지에 대해서까지는 말해주지 않았다.

음악평론가 강헌은 2002년경 넥스트 공연 기획을 맡으면서 '맨날 〈그대에게〉를 피날레로 했으니, 이번에는 아예 첫 곡으로 시작해 보자'는 취지의 제안을 했다고 한다. 달라진 넥스트를 선언하고 시작해 보자는 의미였다. 처음에는 반색하던 신해철이 곧 어두운 얼굴로 돌아왔다고 한다. "아무래도 안 되겠어요. 〈그대에게〉가 아니면 공연을 끝낼 수 없을 것 같아요."
사람만이 아니라 노래도 자신의 운명을 타고나는지도 모르겠다. 이 노래를 극복(?)하고 싶어 했던 신해철조차도 이 노래를 결국 극복하지 못했는지도 모르겠다.
강헌은 그가 쓴 《신해철》을 통해 '현재까지도 경기장 응원석이나 선거 유세장의 가두방송 스피커에서 쉬지 않고 울려 퍼지는 〈그대에게〉는 1988년의 그랑프리를 넘어, 아마도 대학가요제 역사상 가장 압도적인 트랙으로 남을 것이다. 아니, 나아가 이 곡을 한국 대중음악사를 통틀어 높은 완성도와 폭발적인 대중성, 그리고 세대를 뛰어넘는 긴 생명력까지 두루 갖춘 위대한 데뷔곡으로 주장하는 데 나는 한 점 주저함이 없다'고 주장하면서 '그의 기나긴 디스코 그래피에서 (싱글 차원에서만 볼 때) 이 곡이 지닌 파괴력을 넘어서는 넘버는 존재하지 않는다'고 덧붙였다.

잘 알려진 것처럼, 이 곡은 문방구에서 산 멜로디언을 가지고 아버지에게 들키지 않기 위해 이불을 뒤집어쓰고 만든 곡이었다. 대학가요제가 한여름을 피해 열렸기 망정이지, 안 그랬으면 이 불후의 넘버는 탄생조차 할 수 없었을지도 모르겠다. 1988년의 대학가요제를 신해철은 이렇게 회상한다.
"심사위원으로 조용필 씨가 나온 것이 결과적으로 우리한테 럭키하게 작용을 한 건데요. 그걸 사전에는 몰랐구요. 그 당시에 그러니까 그룹사운드가 죽은 다음에도 대학가요제가 일정 기간 공식처럼 지키고 있었던 게 솔로나 듀엣이 대상, 그룹사운드 금상, 이게 잠시 유지가 되더니 그다음에는 그룹사운드는 곁다리이거나 동상, 이 공식이 굳어진 다음이었어요. 우리가 출전할 때쯤에는 그룹사운드는 안 된다는 인식이 팽배해 있었거든요.

게다가 묘한 일이, 87년도 대학가요제를 MBC가 굉장히 축소해서 치렀는데요. 그 이유가 87년도에 대학가요제를 하면서 참가자들을 데리고 간이 뮤지컬을 만들어서 대학가요제 중간에 넣는 기획을 한 모양인데, 내용이라든가 이런 것들이 마음에 안 든다고 출전자들이 뭉쳐서 반항을 했던 모양이에요. 출전자들의 얘기가 뭐였냐 하면, 대학가요제가 노태우 대통령 당선 축하공연처럼 되고 있다는 거였는데, 그들의 주장이 옳았는지 틀렸는지에 대해서는 지금의 저로서는 알 길이 없구요. 제가 알고 있는 것은 그런 주장으로 방송국과 충돌을 했고, 크게 실망한 MBC 측에서 대학가요제를 대단히 축소해서 치렀다는 거죠.

88년도의 대학가요제는 87년도에 못 이룬 대확장을 위해서 방송국을 벗어나서 스타디움에서 개최하는 초유의 사태를 벌였거든요. 그때까지 치른 모든 대학가요제 중에서 가장 큰 규모였어요. 잠실 체조경기장에서 했으니까요. 당시 공연이 가능한 가장 큰 스타디움에서 치른 거죠. 그게, 대학가요제 본선 막이 오르고 현장 분위기가 되니까 그렇게 생각한 건지 모르지만, 우리로서는 차별 대우를 받는다는 서글픔을 느낄 정도로 대우가 좋지 않았어요.

일단 멤버들이 서울대, 연대, 서강대였기 때문에 저놈들이 데모를 주도할 가능성이 있다고 해서 요주의 인물로 찍혀 있었구요. 그때 우리 멤버들의 성향들을 생각해 보면 웃긴 일이죠. (웃음) 그랬던데다가 웃긴 게, 솔로들은 대형 중앙무대를 쓰고 그룹사운드는 별도의 초라한 무대에 섰습니다. 등장하고 퇴장할 때 악기를 놓기가 뭐하기 때문이었던 것 같은데요. 그래서 무한궤도가 올라간 별도 무대는 모니터 시스템도 빈약하고, 멤버들이 발 놓을 데도 없는 그런 빈약한 무대였습니다.

그런저런 분위기상 참가자들은 주병선의 대상 가능성을 거의 9:1 정도로 보고 있었는데요. 현장에서 대역전승을 거둔 거죠. 관객들을 잡았어요. 심사위원들 마음에도 어느 정도 들었겠지만, 무한궤도가 대상을 잡았던 이유는 일단 관객들을 잡았던 겁니다. 강변가요제 때 나가서 한번 떨어진 적이 있는데, 그때 이상은이 대상을 탔거든요. 그때도 똑같았어요. 사람들이 노래는 이상우가 제일 좋다, 대상을 탈 것이라고 얘기했는데, 현장에서는 이상은이 끊임없이 화제가 됐어요. 이상은이 완전히 관객을 잡아버렸는데, 역전승을 하더라구요.

〈그대에게〉는 바로 대학가요제라는 특성을 고려해서 타깃 프로듀싱으로 만든 노래였습니다. '전주부터 무조건 화려하게 치고 들어가야 한다, 전진 돌격대형으로 시작부터 돌격한다, 그다음에 곡이 좀 특이해야 한다, 하지만 노래 자체는 단순하다, 8비트의 누구나 따라 부를 수 있는 멜로디로 간다, 가사 자체도 현장 행사에서 가사가 전달될 리 없다. 쉬운 가사로 간다, 4분 동안 끊임없이 변한다, 지루할 시간을 주지 않는다'는 작전으로 만든 노래였는데요. 우리의 퍼포먼스가 끝나니 펜스에서 교복을 입은 학생들이 사인을 받으려고 막 뛰어내리더라구요. 전경들이 그걸 막으려고 난리가 났구요. 그걸 보면서 '앗, 잠깐만, 이 장면은 내가 불과 몇 개월 전에 강변가요제에서 목격한 장면인데, 설마 우리가 대상을 받는 거야?'라는 생각이 들었습니다. (웃음)

대상 수상자 발표를 하는데, 은상을 부를 때까지 우리 이름이 안 나오니까 멤버들이 울먹울먹하면서 짐을 싸더라구요. 저도 처음에 사실 동상을 기대하고 있었거든요. 그런데 은상까지 불렀는데 안 나오니까 간이 확 불더라구요. 만약에 금상에서도 우리 이름이 안 나오면 분명히 대상이다, 그래서 금상에서 우리 이름이 불리지 않기를 간절히 바랬어요. 현장 분위기로 봐서는 우리가 상을 안 받고 집에 갈 분위기는 절대로 아니었거든요. 금상 발표가 나고 나서는 '아니 대상을 받다니 이럴 수가' 이러고 있었기 때문에, 대상 발표 났을 때 저는 의자에 침착하게 앉아 있었어요. 사람들은 펄쩍펄쩍 뛰는 모습이 TV에 나온 게 저였다고 생각하는데, 그건 베이스 치는 조형곤이었습니다. 복장하고 헤어스타일이 똑같아서 사람들이 헷갈린 거고, 저는 느긋하게 앉아 있다가 거만하게 걸어 나갔어요. (웃음)"

아무튼 1988년은 특이했다. 강변가요제는 이상우 대신 이상은을 택했고, 대학가요제는 주병선 대신 무한궤도를 택했다.
"올림픽의 들뜬 분위기를 담다디가 타고 갔던 것 같구요. 대학가요제는 올림픽이 끝난 다음이었으니까요. 그런데 뭔가 야로가 있지 않았나 하는 의심을 받았던 것이, 무한궤도가 연주할 때 조명이 엄청나게 화려하게 쏟아졌거든요. 나중에 얘기를 들어보니까 88 올림픽 때 사용했던 조명 장비가 대여 기간이 종료되기 직전에 MBC에 남아 있었던 모양이에요. 그걸 총동원해서 체조경기장에 깔았던 거죠. 사람들이 당시의 그 분위기를 이해를 못 해요. 올림픽 분위기와는 상관이 없는 것이, 그 당시 히트곡은 무조건 발라드였어요. 그래서 출전 엔트리 16개 중에서 14개 팀이 발라드를 부르는 사태가 벌어진 겁니다. 관객들은 지루하죠. 조명 기사는 핀 조명밖에 쓸 일이 없는 거예요. 솔로에 발라드인데 조명을 뭘 돌릴 겁니까? 그래서 이를 악물고 있다가 무한궤도가 나왔을 때 모든 조명을 올인해 버린 거죠. (웃음) 거기다가 솔로들의 경우 응원단이 와봐야 몇 명이나 오겠어요. 지방대학 학생들 응원단이 상경해 봐야 얼마나 오겠어요. 그런데 우리는 서울에 캠퍼스가 있는 학교의 연합 그룹사운드였기 때문에 우리 응원단 숫자가 꽤 많았어요. (웃음) 애들이 폭죽도 준비해 오고, 관객석에서 난리, 난리, 바람을 잡았죠. 그리고 심사위원들이 조용필과 당시에 이름을 날리던 위대한 탄생 출신들의 편곡자들이었으니까 우리를 기특하게 볼 수 있는 요소가 있었던 거구요. 하여간 그런 운에다가 이런저런 것이 겹쳐서 88년 대학가요제에서는 막판 대역전승을 거둘 수 있었던 거죠"

당시 우주의 모든 기운이 신해철에게로 향했던 것 같다. 하지만 신해철의 음악에 대한 간절한 마음이 없었다면 그 기운을 자신의 것으로 만들지는 못했을 것이다.

〈그대에게〉가 화제가 된 데는 무한궤도 멤버들의 학력과 신해철의 외모도 한몫했을 것이다. 소설가 임요희는 "신해철 같은 귀티 나고 부드러운 아우라는 아무나 갖기 힘들다. 생긴 건 모범생인데, 의외의 음악을 한 것이 매력적이었다"고 말했다. 당시 많은 젊은 여성들이 그렇게 느꼈던 것 같다.

'인간' 신해철의 한 조각,
〈안녕, 프란체스카〉의 대교주

신해철에 대해서 사람들에게 물어봤을 때 의외로 〈안녕, 프란체스카〉를 이야기하는 사람들이 많았다.

'나의 이미지를 철저하게 해체할 수 있으면 출연하겠다'는 의도였다는데, 그렇다면 그 의도는 적중했던 것 같다. 그것 자체가 마니아적인 시트콤이었고, '앙드레 교주를 누가 할 거냐?'고 했을 때 1순위 없는 0순위로 거론되는 상황이었다. 그 후 개그 프로그램 '개그야의 회장님도 신해철일 것'이라는 예상이 있었는데 결국 마지막 회에 출연했다.

이에 대해 신해철은 "제 인생도 재미있지 않아요? 그 얘기 제가 했던가요? 누가 착한 신해철을 원하겠냐고, 그러니까 제 본래 모습이 어떻게 됐든지 간에, 사람들이 그걸 원하고 있잖아요. 저보고 그 역을 하라잖아요. 욕하면서 자기들은 즐기잖아요. 어떻게 해요? (웃음)"라고 했다.

소설가이자 당대의 에세이스트인 고종석은 "신해철을 만난 적도 없고, 노래를 들어본 적도 없어. 가수로 기억하는 것이 아니라 〈안녕, 프란체스카〉에서의 앙드레 대교주 연기가 인상적이었지. 그리고 〈100분토론〉, 손석희 씨가 할 때였는데, 음악 저작권 문제인가로 나와서 토론할 때 인상적이었고. 그 사람의 연기가 아니라 맡았던 역할이 컸었어"라고 말한다.

애니메이션 시나리오 작가인 박지연은 "아… 프란체스카에서 엄청 높은 굽 부츠 신고 대마왕으로 나와서 하하하 웃던 게 제일 기억나고요. 별명이 마왕인데 마왕 역으로 나와서 캐스팅 자체만으로도 재미있었던 기억이 나네요"라고 했다.

영화 평론가 조재휘는 〈안녕, 프란체스카〉에서의 신해철에 대해 이렇게 기억하고 있다.

"제겐 〈안녕, 프란체스카〉의 앙드레 대주교이자 SF 장르 마니아로 각인된 면이 큽니다. 시트콤 〈안녕, 프란체스카〉의 팬(시즌 3 제외)으로 한 시절을 보낸 사람으로서 신해철 하면 떠오르는 이미지는 N.EX.T의 리드보컬도, 종종 〈100분토론〉에 호출되곤 했던 논객도 아닌 '앙드레 대교주'로 뇌리에 남아 있다. 남산 위의 저 소나무마냥 온몸에 카리스마의 갑옷을 두른, 바늘로 찔러도 피 한 방울 안 나올 것 같았던 가수 신해철에게 '저런 면이 있었구나' 하고 감탄했달까? 시즌 1의 마지막부터 출연해 시즌 2의 빠질 수 없는 신스틸러로 등극한 앙드레 대교주는 있는 대로 폼은 잡지만 정작 실속은 하나 없는 허당 캐릭터였다. 미래를 예지한다더니 본다는 게 고작 2~3초 뒤의 미래고, 걸핏하면 돈을 들고 튀기 일쑤인데 남긴다는 쪽지는 기초적인 맞춤법도 모른 채 '미안헤'라고 써놨고, 걸핏하면 평범한 인간 두일에게도 타박받는, 이런 뱀파이어를 두고 폭소하지 않을 도리가 없었죠.

이 캐릭터 연기는 신해철 본인의 이미지에 대한 자조적 패러디이자 일종의 해방구 같은 것이었을 거예요. 홍상수의 〈북촌방향〉(2011)에서 영화감독이 자신을 졸졸 따라다니는 영화광 팬들을 쫓아내려 하듯, 마왕 또는 독설가로 굳어가는 인상을 떨쳐내고자 하는 몸부림, 그리고 어쩌면 자기 파괴에서 나오는 마조히즘적 쾌감 같은 것이 아니었을까요?

배우 신해철을 보면서 '어쩌면 굉장히 좋은 사람일지도 몰라' 하고 생각했습니다. 자신을 안방극장 코미디의 소재로 서슴없이 내던지며 망가지는 자기 파괴 내지 방기는 어처구니없을 정도의 자기 긍정과 자신감, 열린 마음이 아니고서는 불가능한 게 아닐까요? 무대를 장악하는 카리스마도, 시트콤에서의 자기 패러디도 둘 다 그 연원은 같은 거죠. 앙드레 대교주를 보고 나서야 '마왕' 신해철이 아닌 '인간' 신해철의 한 조각을 본 건지도 모른다는 감을 받았어요. 얼마 전 신해철에 관한 짧은 이야기를 요청받았을 때 바로 앙드레 대교주를 떠올린 건 아마 그런 이유가 아니었을까요? 불현듯 〈안녕, 프란체스카〉의 순간들이 그리워집니다."

그의 천재성에 다시 한번 놀랄 뿐이다, 〈내일은 늦으리〉

신해철의 천재성과 앞서간 시대감각을 보여준 사건이 또 하나 있었다. 1992년 10월 25일 열린 〈환경보호 콘서트 – 내일은 늦으리〉. 당대의 슈퍼스타들인 서태지와 아이들, 넥스트, 공일오비, 윤상, 신성우, 김종서, 봄여름가을겨울, 푸른하늘, 신승훈, 이승환 등이 참여해서 자작곡을 발표한 무대였다.

〈매경프리미엄〉의 홍장원 기자는 '신해철은 가수를 직접 설득해 행사에 참여시켰을 정도로 열정을 쏟았다. 선배 가수를 제치고 행사 전력의 60~70% 이상을 차지하던 리더였다. 당시 그의 나이는 고작 한국 나이로 25세였다. 젊다 못해 어린 나이였다. 새파랗게 젊었던 그가 어떻게 내로라하는 슈퍼스타가 모인 군단을 이끌며 행사에 색채를 입히고 앨범 전체를 프로듀스했는지, 그의 천재성에 다시 한번 놀랄 뿐이다'라고 썼다.

"그 당시 〈내일은 늦으리〉에 참여했던 아티스트들 중에서 저까지 포함해서 환경 문제에 관심이 있었던 아티스트는 한 명도 없었을 겁니다. 알지도 못했을 것이고, 관심도 없었고, 실감도 못 했을 겁니다. 그 당시 아티스트들이 공감하고 있었던 게 뭐냐면 동원된 나팔수가 아니라, 한 테마에 의해서 사회적으로 아티스트들이 군으로 움직이는 그런 게 해외에는 존재한다는 걸 알고 있었어요. 그 당시 모였던 아티스트들은 우리의 움직임이 그런 식에 해당한다는 것을 알고 있었는데, 그 이후로 〈내일은 늦으리〉는 퇴화하게 되죠. 그 뒤에는 제작자 협회나 이런 데서 가수들 동원해서 인형들 꼭두각시처럼 세워놓는 놀음으로 전락하고 마니까요. 제대로 된 건 1회 때 한번 아니었을까요. 그건 우연이었어요. 그 당시에 그 또래의 자의식이 있는 아티스트군이 형성되어 있을 때 우리한테 환경이란 숙제가 던져졌던 거죠. 그리고 그 아티스트군은 우리가 집단으로 무빙을 가져가는 것이 효과가 있을 거라는 것을 알고 있거나, 혹은 최소한 설득에 대해서 공감할 수 있는 사람들이었구요. 그 당시에 제가 프로듀서의 역할을 한 것은 아무것도 없구요. 소풍 갈 때 조장 그런 역할이었죠. (웃음) 누군가는 이름을 체크해야 하니까."

지승호   일종의 밴드의 리더로서의 역할일 수도 있었을 것 같은데요. 밴드의 리더는 지나치게 아티스틱해서 자폐적이면 안 되지 않습니까? 자의식 강한 아티스트들이 모였기 때문에 그들을 하나로 묶어내는 것이 쉽지만은 않았을 것 같습니다.

신해철 아티스트들이 환경 문제에 대해서 자기 곡을 만들어 오는 것은 아무런 문제가 없었구요. 문제는 〈위 아 더 월드〉의 한국판 버전이라고 얘기했던 〈더 늦기 전에〉에 그 자의식이 쎈, 강제 동원에도 응하지 않는, 차라리 그 뒤에는 쉽다고 할 수 있죠. 강제 동원에도 응하지 않고, 매니저들의 명령도 통하지 않는 자기들이 직접 제작자나 마찬가지의 위치에 올라가 있는 그 아티스트들을 한 녹음실에 쳐박아서 녹음을 해야 하는데요.

지승호 대통령이 밥 먹으러 오라고 해도, 자기 스케줄 있으면 안 갈 사람들이 많잖아요.

신해철 다들 그 과잖아요. 근데 그게 동시였어요. 이 사람들을 줄을 세워서 녹음실을 들어가야 하는데, 주관사로부터 '신해철, 니가 해라'가 된 거죠. 그리고 아티스트들도 이구동성으로 '난 이 새끼 싫어, 저 새낀 안돼. 저놈은 안 봐. 해철이가 해라. 해철이가 하면 할게. 그래 해철이가 해야지' 그렇게 되가지고 얼렁뚱땅 반장이 됐죠. 그래서 그 대가 쎈 아티스트들에게 몇 소절을 부르게 할 건가, 어느 가수들을 어디다 배치해야 할 건가, 음역대들도 다 들쑥날쑥이고,

보컬 특징도 다 다른데, 한 곡 안에 그걸 어떻게 다 때려 넣을 건가, 저는 전체 비전과 구도를 보지만, 각 아티스트들은 최종 결과물을 예측 못 하는 상태에서 일단 저를 믿고 따라와 줘야 녹음이 되는데, 그냥 가자고 하면 가는 사람들이냐구요. 그래서 그 당시에 군소리 없이 다들 협조해 준 게 너무 고마워요. 그 까탈스러운 인간들이 '씨바 니가 알아서 하겠지' 하고 해주더라구요. (웃음)

지승호 음악도 그렇고, 사회 분위기도 예전엔 그런 게 많았지 않습니까? 예전에는 해외에서도 〈방글라데시 돕기 콘서트〉라든지 그런 게 많았는데, 요즘은 별로 없구요. 인간 간에 연대 의식이 없어졌다고 해야 할까요?

신해철 연대 의식이 없어져서 그런다기보다는 그때나 지금이나 사회 분위기는 비슷비슷합니다. 그런 것을 하고 싶어도 자의식 있는 아티스트군이 전멸해 버렸으니까요. 체조경기장이나 종합경기장에다가 MR 틀어놓고, AR 틀어놓고, 가수들 동원해서 풍선 부대들 10만 명씩 무료 관객을 집합시킬 수 있겠지만, 거기다가 어떤 테마를 부여하고 간다는 것은 스스로의 목소리를 가지고 있는 아티스트군이 전멸한 이상 무리죠.

새로운 감수성의 지평을 연,
〈일상으로의 초대〉

> 〈일상으로의 초대〉는 1980년대 조용필의 〈비련〉과 이용의 〈잊혀진 계절〉 뒤로 무수하게 히트 퍼레이드를 장식해 온 한국형 러브 발라드의 동어반복에서 완벽하게 벗어나, 이 영원한 주류 문법의 역사에 새로운 감수성의 지평을 연 기념비적인 노래다. 〈일상으로의 초대〉 이후로, 이보다 참신하고 성숙한 구애의 노래를 나는 듣지 못했다. 만약 신해철이 단 한 곡, 이 노래만을 만들었다고 하더라도 그의 이름은 명예의 전당에 헌액되어야 한다고 주장하고 싶다.
>
> – 강헌, 《신해철》 중에서

40대인 그래픽 디자이너 김상희는 신해철을 이렇게 기억한다.

"고 신해철 님은 저희 세대에게는 뭔가 나이 많은 복학생 오라버니 같은 이미지가 있어요. 뭔가 세상살이 다 알 것만 같은 포스 풀풀 풍기는 복학생 오라버니. 그러면서도 뭔가 할 말 다 하는 사악한 장난꾸러기 같은 이미지가 있었는데, 아마도 오랜 시간 진행했던 그의 라디오 방송 때문인 것 같아요. '마왕'이라는 별명도 그렇고요. 어쩜 그리 요즘 말로 '착붙'인지….

노래들도 좋은 노래가 참 많았는데… 저는 〈일상으로의 초대〉라는 노래가 참 좋았어요. 당시 만약 결혼하게 된다면 듣고 싶은 청혼가가 그 노래였어요. 가사를 살펴보면 정말 갖고 싶은 평범한 행복에 대한 것을 노래했거든요. 뭘 어떻게 특별히 해주겠다가 아닌 … 그저 평범한 일상을 함께 하자는 내용이었는데 그게 그렇게 감동스럽더라고요."

연애가 현재진행형일 때만 러브송을 쓸 수 있었다던 신해철이었고, 본격적인 발라드나 러브송이 의외로 많지 않았지만, 〈일상으로의 초대〉는 사람들의 마음속에 깊이 각인되어 있었다.

건설회사에 근무하는 김승현은 홍콩에서 터널 공사를 한 적이 있다고 한다. 그때 이 노래가 위로가 되어 주었다고 한다.

"〈일상으로의 초대〉를 좋아합니다. 홍콩에서 터널 공사를 한 적이 있었는데, 엔지니어들을 관리하는 역할이었죠. 그때 노래에 묻어 있는 감성이 내 마음을 울렸습니다. 고국이 그리울 때 한국에 있는 느낌이었죠."

그리고 그의 음악과 함께 청춘과 사랑의 아픔을 기억하는 사람들의 이야기 두 개.

하나, 김수현_출판사 에이프릴 대표

대학가요제를 거의 전 국민이 보던 때 신해철이 있는 무한 궤도의 음악을 처음 접했다. 80년대는 메탈의 전성기였다. 록 마니아인 나는 대학가요제에서 록 음악이 대상을 받는 것은 고무적인 일이라며 좋아했다. 물론 신해철의 보컬이 좋은 건 아니었다. 노래를 좀 잘해줬으면 하는 아쉬움이 있었다. 그리고 그들의 성장을 기대했다.
몇 년 후에 신해철은 N.EX.T라는 그룹에서 〈날아라 병아리〉를 불렀고, 선풍적인 인기를 얻었다. 마침 첫사랑을 하던 나는 애인의 목소리로 N.EX.T의 〈인형의 기사〉를 들었다. 노래방에서 애인이 부르는 〈인형의 기사〉는 세상 그 어떤 곡보다도 멋진 곡이었다. 그러나 슬픈 가사처럼 그는 나의 기사가 될 수 없었다. 우리는 헤어질 때 친구의 악수를 나눴다. 흔한 말처럼 사람은 갔지만, 노래는 남았다. '신해철' 하면 그 사람이 생각나고, 그 사람이 떠오르면 〈인형의 기사〉의 멜로디와 가사가 머릿속을 떠다닌다.
어느 정도 시간이 흘러 그의 이름은 '마왕'이라는 수식어와 함께 계속 들려왔다. 신해철의 거침없는 입담을 듣기 위해 그가 나오는 〈100분토론〉을 찾아서 봤다. 직접행동을 하는 그가 멋져 보였다. 특히 간통죄 폐지, 대마초 비범죄화, 체벌 금지는 상당히 설득력 있었고, 나도 모르게 그의 행보를 주시하게 되었다.

신해철을 전폭 지지하게 된 사건이 있다. 노무현 후보 선거 유세에 참여했던 그가 노무현 정부의 이라크전 파병 결정에 반대한 것이다. 본인이 지지한 사람의 결정에 반대 깃발을 들고나오기는 어려운 일이다. 사랑하는 사람이 잘못된 길로 가는 것을 그냥 바라보는 사람이 있다. 충돌과 어색함이 싫어서. 그러나 그는 잘못된 건 잘못되었다고 말했다.

신해철의 사망 소식이 전해지고 음모론까지 생각했다. 너무 어이없는 죽음이었다. 그러나 당시 나는 정신없는 시기를 보내던 때다. 안타깝게도 그의 죽음을 맘껏 추모하지 못했다.

차츰 일상에서 멀어졌던 그가 다시 나타난 건 하현우가 음악 프로그램 〈복면가왕〉에서 신해철의 노래를 부르고부터다. 신해철의 음악을 그제야 다 들어보았다. 〈일상으로의 초대〉〈민물장어의 꿈〉 등을 핸드폰에 넣어서 듣고 다녔고, 힘겨울 때는 〈해에게서 소년에게〉를 들었다.

이제야 알았다. 신해철의 음악은 나의 젊음과 함께했었다는 것을. 남은 인생 여정에서도 함께하리라는 것을.

둘, 정나리_뮤지션. 월정곰닭 운영

드라마 〈응답하라 1988〉에서 덕선이와 친구들이 MBC 대학가요제를 보다가 갑자기 멍하니 얼어붙는 장면이 있다. 무한궤도라는 팀이 마지막 순서로 등장해 〈그대에게〉를 연주하기 시작한 순간, 그러니까 신시사이저가 리드하는 그 유명한 전주가 흐르기 시작한 순간 정신이 혼미해진 사람이 덕선이와 친구들뿐이었을까.
나는 그날 이후로 신해철의 팬이 되었고, 신해철처럼 머리를 자르고 신해철처럼 디스코바지를 접어 입었다. 태어나서 처음으로 구매한 음반이 바로 그 무한궤도의 테이프였고, 원본을 반복해서 들으면 테이프가 늘어날까 봐 공테이프로 복사본을 여러 개 만들어 두고는 그걸 듣고 또 들었다.
어느 날 사람들 앞에서 〈여름 이야기〉를 부르는 그 친구를 보고 첫눈에 반해버린 건, 그 노래가 신해철의 노래여서였을까 아니면 그저 노래를 잘해서였을까.
아닌가. 그 노래는 혹시 〈우리 앞에 생이 끝나갈 때〉였던가, 아니면 역시 〈그대에게〉였던가. 신해철의 모든 노래를 좋아했던 아이였으니 그게 어떤 노래였어도 이상할 건 없다.

첫사랑은 그렇게 찾아왔고, 그 후로 터무니없이 오랜 시간 동안 짝사랑으로 계속되었다. 나는 뜬금없이 고백하고, 예상대로 거절당했으며, 사실 기대 따위 하지 않았으니 괜찮다는 말로 나를 도닥였다.

한참 후, 신해철이 세상을 떠났다는 얼얼한 뉴스를 접했을 때, 나는 그제야 그 친구가 보고 싶어서, 나의 지난 고백이 창피해서, 이제 잡을 수 없는 것들이 서러워서 아주 오랫동안 울고 또 울었다.

신해철의 노래를 부르던 그 친구의 실루엣이 기억 속에서 서서히 무너질 만큼 오랜 시간이 흘렀고 나는 이미 디스코 바지도 상고머리도 멋쩍다. 신해철은 없고, 삶이 한 번뿐이라는 사실은 종종 한탄스럽다. 첫사랑도, 신해철도 이제 돌아오지 않는다.

그러니 조용히 손 모아 기도할 뿐이다. 신해철이 저 하늘에서 평소와 다름없이 실없는 농담을 던지며 평온하기를. 친구의 노래가 계속 이어지기를. 내가 나의 노래를 계속 만들 수 있기를.

좀 놀 줄 아는 동네 오빠,
〈고스트 스테이션〉

생각해 보면 그것 역시 혁명이었다. 사람들은 2011년 〈나는 꼼수다〉를 듣고 열광하면서 미디어 혁명이라고 칭송했다. 그런데 신해철은 그보다 10년은 빨랐다. 스타의 위치에 있으면서도 새로운 미디어 실험을 주저하지 않았다. 그 프로그램의 오프닝 멘트는 다음과 같다.

본 방송을 청취함으로써 발생하는 정신적, 육체적, 물리적 피해, 수면 부족, 정서 불안, 과대망상, 인성변화, 귀차니즘, 대인기피, 왕따, 식욕부진, 발육부진, 성적하락, 가정불화, 업무능력 저하, 소득감소, 직장생활 부적응에 대하여 본 〈고스트 스테이션〉 제작진 일동은 어떠한 책임도 지지 않음을 경고드립니다.

MBC에 근무하는 20대인 박재인 씨는 이렇게 말한다.
"저는 고등학교 때 신해철의 〈고스트 스테이션〉을 듣고 좋아하게 됐어요. 수요일마다 하는 '좀 놀아본 오빠의 고민 상담소'

를 좋아했습니다. 저는 고2병에 시달렸는데, 소위 중2병보다 심각했어요. 상담소에 고민 상담을 신청하고, 고민 상담이 나올 것이라는 희망만으로도 마음이 충만했습니다. 사연이 채택되지 않아도 다른 사람들의 고민 상담을 들으면서 대리만족을 했던 것 같아요."

그는 〈고스트 스테이션〉에서 '좀 놀아본 오빠의 미심쩍은 상담소'를 진행했고, '대국민 고충처리반', '100초토론' 등도 진행했다. 그는 "상담 프로그램을 진행하면서 제일 재미있었던 기억은 어떤 거냐?"는 질문에 "재미를 느낄 시간이 없고 오히려 스트레스를 받는다. 재미를 느낄 수 있는 종류의 것이 아니다"라고 단호하게 대답했다. 우문에 현답이었다. 남의 고민을 진심으로 듣는다면 즐거울 수가 없는 것이다.

그는 오히려 상담을 하면서 자신에게 위로가 되고, 말을 하면서 부끄러울 때가 많기 때문에 스스로 많은 반성을 하게 된다고 말했다. 그리고 상담을 할 때도 대화의 원칙을 철저하게 지킨다고 말했다. 상담을 하다 보면 한심하다는 생각이 들 수도 있고 야단을 칠 수도 있을 텐데 자신은 그런 것을 배제한다는 것이다. 그는 철저하게 친구의 입장이 돼서 대화하듯이 상담을 하는데, 상담에 있어서 가장 중요한 원칙 역시 '잘 들어주는 것'

이다. 그리고 진심이 담긴 충고를 해줄 때 상담을 원한 사람들도 만족하게 될 것이다. 그는 상담의 개인적인 원칙으로 '그 사람들보다 내가 위에 있다고 생각하지 말 것. 눈높이를 철저히 같은 위치에 맞출 것. 그리고 상담소지 재판소가 아니니까 그들의 잘잘못을 판단하려 들지 말 것' 등을 든다. 만약 '남자 친구랑 임신했다가 지우고, 임신했다가 지우고 이번에 다섯 번째예요'라는 고민을 들었을 때, '이제 어떻게 하면 좋으냐' 하는 상황에서 생각을 시작해야지, 야단을 치거나, '옳았어, 글렀어' 이런 얘기는 그 상황에서는 아무 소용이 없는 얘기라는 것이다. 하지만 예외도 있다.

"아주 예외의 케이스를 제외하고는 원칙을 지키는데요. 아주 특수한 예외가 있습니다. 상담을 해오는 자가 질펀한 욕을 원할 때는 욕을 해요. (웃음) 아주 가끔 그런 경우가 있는데, 꾸짖어 줄 사람이 필요한 거예요. 꾸짖어 줄 사람의 위치가 어머니, 아버지, 형제여야 하는데, 그게 안 되는 거죠. 관심을 받지 못하고 있다든가, 아니면 전혀 다른 포인트에서 짜증만 내고 있다든가, 이럴 때 누군가 정말 자기 입장에서 생각을 해보고, '그러면 안 돼'라고 화를 내줄 사람이 있어야 하는데, 그런 걸 간절히 원하고 있을 때는 질펀하게 욕을 해주죠. '미쳤냐? 니가 지금 정신이 어디 붙어있냐?' 등등. 상담할 때의 주 캐릭터는 친구인데요. 오빠, 형 그리고 가끔 아버지 상을 원하는 상담들이 있거든요. 그것도 되게 무서운, 누군가 나를 야단쳐서라도 어떻게 해달라, 게임 중독인데, 끊을 수가 없다, 정신 차리게 혼 좀 내달라. 이런 경우에는 가차 없죠. '그러다 뒈진다'까지 갑니다. (웃음) '너는 내 눈앞에 없어서 그런 건데, 있으면 맞았어'하고 질펀하게 가는 거죠."

그 프로그램에 대해 그는 '연예인과 대중의 특수한 관계를 보여주는 유니크한 예'였다고 말한다.

"친구잖아요. 만일 오후 4시 프로그램 정도에서 그런 장난들을 쳤다면, '시청자를 우롱한다'부터 시작해서 난리가 났을 거예요. 원성은 나오는데, 그런데 그 원성이 '인간아, 인간아'부터 시작해서 '저 화상을 내가 7년째 봐요' 이런 식이죠. (웃음)"

그는 방송을 통해 음악을 하는 후배들에게도 많은 감동과 영향을 주었다. 인디가수 강백수는 신해철에 대해 '라디오 안에 있는 우리 형'이라고 표현했다. 그는 〈고스트 스테이션〉이 종방할 때까지 모두 다 들었고, "인디신을 '고스트 인디 차트'를 통해 다 들었다"고 말했다. 생전에 실제로는 한 번도 만난 적이 없었던 강백수는 신해철의 빈소를 매일 찾아가 5일 내내 울었다고 한다.

"당신 땜에 우리가 이 지경이 됐어요. 촛불 정국 때 우리에게 정말 당신이 필요했습니다. 그 무대에 신해철이 있어야 했어요. 또다시 그런 시절이 올 때 강백수가 거기 같이 있을 수 있다면 좋겠습니다"

인디계의 살아있는 전설인 크라잉넛의 베이시스트인 한경록의 회고다.

"해철 형님께서 록밴드라서 저희 크라잉넛을 챙겨주신 것 같아요. … 라디오에서도 칭찬해 주시고, 공연장 대기실에서도 '타투하면 멋있을 것 같다'고, 살갑게 대해주셨습니다. 보컬 윤식이에게는 술자리에서 차고 있는 시계도 선물해 주셨다고 들었습니다. 마음씨 좋은 동네 형님처럼 대해주셨습니다"

그곳은 다양한 토론과 논쟁, 그리고 학습의 장이기도 했다. 이런저런 주제를 가지고 격론이 벌어지는가 하면 '이런 정보를 보내달라'고 신해철이 요청을 하면 수천 건의 의견이 쇄도하기도 했다. 컴퓨터 프로그래머인 김범준은 재미있는 회고를 하기도 했다.

"짜장면에 삶은 계란이 올라와야 하는 것인가 아닌가 토론이 벌어졌었는데, 그게 재밌었어요. 안 나오던 가게에서 계란이 올라오기 시작했죠."

신해철은 〈고스트 스테이션〉을 구상하게 된 것에 대해 이렇게 얘기했다.

"우리나라의 라디오 방송이 너무나 후진적이고, 한국 특유의 포맷을 취하고 있다는 데서 착안을 했거든요. 외국 나가서 라디오 방송 들어보니까 우리처럼 시그널 깔리고, DJ 이름과 프로그램 나오고 오프닝 멘트가 정해져 있고, 이런 프로그램이 없더란 말이에요. 굉장히 러프하게 만드는 것 같으면서도 역동적이더란 말이죠. 그리고 맨날 수필이나 잡지에서 볼 것 같은 뻔한 훈훈한 감동을 강요하는 이런 얘기와, 미국 라디오 같은 것들을 들어보면, 되게 생활에 가까운 DJ와 1대1로 엄청나게 가까운 그런 이야기를 하기도 하고, 형식도 그래요. 예를 들어 우리는 그런 생각을 못 하잖아요. 그 당시에 인기 있는 곡이 있으면 한 시간에도 같은 방송에서 다섯 번씩 나올 수 있다는 겁니다. 우리나라에서 말하는 라디오의 그 기본 포메이션이 결코 디폴트도 아니고 스탠다드도 아니로구나, 그럼 내 맘대로 꾸미면 어떻게 할 수 있는 거야, 하고 생각해 보니까 방송이 그렇게 되더라구요. 〈고스트 스테이션〉도 7년 동안 방송하면서 처음

이틀 동안 시그널이 있었어요. 그런데 다음날 시그널을 틀기가 너무 귀찮은 거예요. CD 걸기도 귀찮고, 그래서 3일째 생각해 낸 것이 '오프닝 멘트를 안 하면 되는 거잖아' 하는 거였어요. 바로 본방으로 들어가면 되잖아, 뭐 잡아가나, 그래서 〈고스트 스테이션〉의 사고방식은 그거야, '오프닝 멘트 안 하면 잡아가 나?', '나 오늘 방송하기 싫다고 안 하고 집에 가면 잡아가나?', '노래만 1시간 동안 틀면 잡아가나?' 이런 식으로 하다 보니까 사람들이 너무 재밌어하는 거예요. 신선하다면서. (웃음)"

신해철은 아이돌 시절부터 〈밤의 디스크쇼 신해철입니다〉 등을 진행했던 인기 DJ였다. 소설가 임수현은 "그 시절부터 그의 음악과 방송을 좋아했다"고 말하며 "생각해 보면 스무 살 이후로는 음악을 안 들었는데, 신해철의 〈밤의 디스크쇼〉를 들었고, 그때는 댄디한 이미지였죠. 신해철은 저한테는 밤이었던 것 같아요."라고 말했다.

멋진 표현이다. '신해철은 내게 밤이었다'. 그는 소설가 임수현 외에도 많은 사람들에게 밤이 되어 주었을 것이다.

음악으로 불멸을 이룬 셈인가

국민일보, 뉴시스 정치부장을 거쳐 지금은 시민언론 민들레 편집인으로 있는 김호경은 음악 마니아이기도 하다. 그래서 〈국민일보〉 기자 시절 신해철을 인터뷰 한 적이 있다. 그의 경험을 들어보면 신해철이 왜 기자들에게 방어적으로, 위악적으로 대했는지, 또 말이 통하고 마음이 통하는 기자와는 어떻게 대화하는지를 알 수 있다. 그것은 이미 내가 겪었던 일이기도 하고.

신해철과의 인터뷰 때, 시작은 그렇게 유쾌하지 않았다. 약속 장소인 어떤 카페로 찾아가서 막 인사를 하려는데, 그는 무표정한 얼굴로 초면의 기자를 본 척 만 척, 소파에 깊숙이 몸을 묻은 채 자리에서 일어나지도 않았다. 반바지 차림의 다리는 떡 하니 꼰 채로. 나는 다소 머쓱한 동시에 내심 고깝기도 했지만, 록 음악의 불모지 상태였던 당시, 본보 문화면에 록 관련 기사를 실어보려 한창 절치부심하던 시기라 내색은 하지 않고 '음악 얘기'만 하기로 했다.
넥스트 재결합 공연을 앞두고 있던 그에게 음악에 꽂힌 계기부터 거슬러 묻자 딥 퍼플에 대한 회상이 나왔고, 나 역시 10대 시절 가장 열광했던 씬 리지 얘기를 꺼냈다. 예상대로 곧 흥미를 보이며 발동이 걸린 그는 레드 제플린 보다 딥 퍼플을, 에릭 클랩턴 보다 제프 벡을 훨씬 좋아했다는 점에서 나와 흔쾌히 의견 일치를 봤다. 반 헤일런과 러쉬 등등으로 가지를 뻗치며 흥이 고조된 대화는 인터뷰라기보다는 한 살 터울 록 키드끼리의 수다였다. 물론 한정된 신문지면 기사에는 전혀 소용도 안 될 잡담에 가까웠다.

그는 언론에 대한 자신의 경계와 냉소를 설명하면서 일간지 기자들과 인터뷰할 때면 대개 녹음기 지참을 요구한다고 했다. 자기가 한 말을 제대로 좀 옮기라고. 한 번은 모 스포츠지 기자가 살아오면서 기억에 남는 일이 뭐냐는 질문을 하길래 "대학 때는 당시 남들 다 그러했듯이 시위하면서 돌멩이도 던져봤다"고 한마디 했는데 다음날 기사 제목으로 큰따옴표까지 쳐서 이렇게 내보냈단다. "나는 민주투사였다".

다른 기자를 만났을 때는 "핑크플로이드의 곡들을 좋아하는데 연주하기는 힘들다"고 했더니 기사 제목을 또 이렇게 뽑더란다. "핑크플로이드와 우리를 비교하지 말라".

언론에 당한 각종 황당 사례를 나열하다, "당신에겐 녹음

요청을 할 필요는 없을 것 같다"고 '호의'를 베풀길래 나도 웃음으로 화답했다. 3시간 가까이 떠들었던 내용을, 온라인 기사로 소화할 창구가 있던 시절이라면 충분히 재미지게 다 살렸겠으나, 불과 원고지 6매짜리 박스로 숨 막히게 줄이느라 노트북을 붙들고 끙끙거리며 답답해하던 순간이 떠오른다.

느닷없는 사망 소식을 계기로 대수롭지 않은 인연을 잠시 회상해 보지만, 사실 나는 신해철의 음악을 그닥 좋아하는 편은 아니었다. 그의 여러 히트곡들은 내 취향엔 너무 달달하거나 오글거리는 '대중가요'로밖에 인식이 안 됐고, 넥스트 시절 일련의 앨범에서도 딱히 성에 차는 완성도를 느낀 곡이 없었다. 넥스트 재결합 공연을 보러 혼자 갔다가 크게 실망한 경험은 결정적이었다. 굽이 엄청나게 두꺼운 키높이 구두를 신고 무대 위에서 뒤뚱거리는 신해철의 모습은 우스꽝스럽기까지 했으며, 특히 '고음 불가'인 보컬 역량에는 실망을 넘어 좌절하지 않을 수 없었다.

그날따라 컨디션이 극히 저조한 탓이었는지는 모르겠지만 〈라젠카〉나 심지어 〈그대에게〉의 후렴 부분을 부르는데도 쩔쩔매며 마이크를 객석에 들이대기 일쑤였으니 말이다. 신해철에 대해 '과포'의 혐의를 둔 이후 그의 음악 세계에 아예 흥미를 잃었고, 비록 정치적 호불호가 나와 가깝다고 해도 음악 외적 활약에 대해선 관심 밖이었다.

그럼에도 그의 죽음에 마음 한켠이 휑한 것은 〈The Ocean : 불멸에 관하여〉 때문이다. 넥스트 두 번째 앨범 《The Return Of N.EX.T Part 1-The Being》에 실린 이 대작을 동생이 가져온 카세트테이프로 처음 듣자마자 그 폭풍이 휘몰아치는 듯한 장중함과 비장감에 곧 빠져들었다. 신해철 작품 중 거의 유일하게 심취해서 참 많이도 들었고 예나 지금이나 명곡으로 여긴다. 국내 록밴드의 노래 중 베스트를 들라고 한다면 나는 PFM을 방불케 하는 이 곡을 잊지 않고 한 손에 꼽을 것이다.

〈The Ocean : 불멸에 관하여〉 한 곡을 선사해 준 것만으로도 나는 그의 돌연한 사멸에 잠시나마 비감에 젖게 된다. 신해철은 음악으로 불멸을 이룬 셈인가. 세월이 지나도 변함없이 짙은 감상에 빠져들게 하는 우수 어린 서정과 격정이 오늘따라 더욱 사무치게 다가온다.

이 곡을 간만에 찾아 들으며 내려앉는 심사는 비단 신해철의 죽음 때문만은 아니다. 여행을 마치고 돌아와 집에 덩그러니 앉아 가시지 않는 쓸쓸함과 허무에 잠긴다.

'슬픔도 기쁨도 좌절도 거친 욕망들도 저 바다가 마르기 전에 사라져' 갈 것이니, 나는 결코 삶이 영원하기를 바라지 않는다. 사라져가야 한다는데 두려움도 없다. 차라리 하루 빨리 사라지고 싶다는 생각에도 때때로 사로잡힌다. 다만 사는 동안 이 기나긴 고독과 공허에서 최대한 벗어나고 싶을 뿐이다. 무엇이 필멸하는 삶을 구제해 줄 수 있을까. 사십몇 년을 살고서야 이제 겨우 어렴풋이 해답이 보이는 것 같다.

MBC 보도본부 기자이자, 《열정적 위로, 우아한 탐닉》의 저자인 조승원은 〈시사매거진 2580〉 시절인 2004년 '대마초는 마약이다?'라는 아이템을 위해 신해철에게 전화를 걸었다. 신해철은 "근데 왜 하필 저예요? 다른 분들 많잖아요. 대중들도 이제 다 잊었는데, 그 옛날 일을 다시 끄집어내면 …"이라고 말했고, 이상하게 오기가 생긴 조승원은 "제가 이 아이템을 준비하면서 정말 많은 사람을 만났는데요. 하나같이 그러더군요. 이 사안에 대해 신해철 씨만큼 논리 정연한 분은 없다고. (중략) 인터뷰 안 해주시면 이 아이템 안 하렵니다. 그냥 접죠, 뭐."라고 말했다. 신해철은 "그럼 인터뷰를 할 건지, 말 건지 만나서 얘기 들어보고 정합시다. 밤 11시까지 작업실로 찾아오세요. 당신이 나를 설득하면 인터뷰를 할 것이고, 만나서도 설득 못

하면 인터뷰는 없습니다. 알겠죠?"라고 답했고.

결론부터 말하자면 두 사람은 밤새 음악 이야기를 하고, 대화가 끝났을 때는 동이 튼 뒤였다고 한다. 그리고 그날 나눈 이야기가 모티브가 되어 훗날 조승원은 '예술가의 술 사용법'이라는 부제가 붙은 《열정적 위로, 우아한 탐닉》이라는 책의 집필로 이어졌다. 신해철은 이렇게 음악 이야기에는 무장 해제가 되는 그런 사람이었다.

어느 언론은 '키가 작은 콤플렉스가 신해철을 만든 원동력'이라고 한 적도 있는데, 이에 대한 신해철의 답은 단호했다.

"완전히 날조예요. 우리 집안 풍토가, '키 큰 놈들은 싱겁다'는 강력한 분위기를 집안 전체에서 형성하고 있는 가문에서 자랐어요. 우리 집안 전체가 종자가 조그만 집안이어서 그런지 몰라도 가문 전체의 슬로건이 '키 큰 놈들은 안돼'였거든요. (웃음) 어릴 때부터 키에 대한 콤플렉스에 시달릴 일이 없었던 데다가 중학교 때 키 큰 놈들 좀 손봐주고, 거의 부하 삼아 데리고 다녔기 때문에 키에 대한 콤플렉스가 없었던 거죠."

중1 반장과 밴드 리더

생각해 보면 웃긴 시절이었다. 신해철이 중학교 1학년이었을 때 그의 담임은 아무 이유 없이 그를 반장으로 지정하고 나갔다고 한다. 그 후 그의 담임은 신해철을 아이들이 떠든다는 이유로 대걸레 자루로 열몇 대를 때린 후 대걸레 자루를 넘겨주면서 "앞으로 우리 반이 통제가 안 될 때는 니가 다시 이걸로 맞으니까, 이걸로 애들을 때려라"고 했다는 것이다. 졸지에 체벌권을 쥔 반장이 되어버린 신해철과 반 학생들의 관계는 '거의 반장과 학생과의 관계가 아니라 담임과 학생과의 관계'였다는 것이다.

신해철은 그 시절을 "소설 〈우리들의 일그러진 영웅〉의 엄석대와 한병태를 합친 캐릭터였다고 볼 수 있다"고 하면서 "영화 〈말죽거리 잔혹사〉의 선도부보다 100배는 더 심했다"고 회상했다. 그럼에도 2학기 반장 선거에서는 70표 전부를 얻어 다시 당선됐다. 독재적으로 굴었음에도 반 아이들은 그를 좋아했던 것이다.

"히틀러였다니까요. (웃음) 우리 반 애들은 저를 좋아했어요.

왜냐하면 제가 애들한테 강조한 것이 '나는 니들이 선생들한테 이리저리 끌려다니면서 맞는 게 싫다. 나한테 맞는 일은 있어도 우리 졸업할 때까지 선생들한테는 맞지 말자'는 이런 류의 논리로 선동을 해서 애들을 장악했거든요. '한 학기 동안 너네는 나한테 수도 없이 맞았지만, 선생한테 맞은 사람은 없다'고 하니까 온 반이 일어나서 만세를 불렀죠. (웃음)"

그런 그가 밴드를 꾸려나가면서 리더십에 대한 생각을 재고하게 된다.

"밴드로 전환되어서도 그 습성이 남아 있다가 서서히 리더십에 대한 것들을 밴드에서 교육을 받았어요. 강압적으로 이야기하는 것보다 자발적인 협조를 얻어내는 것이 훨씬 빠르다는 것을 깨달은 거죠. '강압적인 협조로는 팀이 오래가지 못한다. 밴드라는 걸 하면서 어떻게 해야 내가 한 번 장단을 놀 때, 저쪽은 두 번 놀게 만들 수 있는가?' 하는 생각을 하게 된 겁니다. 특히 무한궤도 때 리더십에 대한 방법을 많이 학습했는데, 무한궤도의 멤버들이 다 저하고 동창생이어서 강압적으로 한다고 될 분위기도 아니었을 뿐 아니라 다들 프라이드들도 대단히 센 멤버들이었으니까요. 장교 막사 안에서 전투를 지휘하는 것도 아니고, 일선에서 돌격하는 그 스타일의 리더십이 그때 형성된 것 같아요. 내가 제일 먼저 나서서 하지 않으면 다들 안 할 테니까"

그리고 아티스트를 우습게 여기는 당시 연예계 풍토에서 그는 밴드를 보호하기 위해 악역을 맡을 수밖에 없었다.

"콘서트가 진행되는 라이브 무대나 이런 데를 나가서는 완전 왈패로 변해서 제가 개처럼 싸움을 붙지 않고서는 일이 진행되지 않더라구요. 고등학교 때까지 저를 기억하는 친구들과 얘기하면 저한테 그런 모습이 있었다고들 얘기하긴 하는데요. 요즘에는 많이 바뀌어서 콘서트 업계나 이런 데서도 스태프들이 굉장히 헌신적으로 일을 하고, 음악이 좋아서 일을 하지만, 10년, 20년 전에는 무대 위에서 아티스트가 간곡히 스태프의 도움을 요청하는데 주머니에 손을 넣고 어슬렁거리는 그런 풍토였거든요. 하기 싫은 노가다, 하는 수 없이 한다는 풍토여서 무대 위에서 마이크 잡고서 '야 이 개새끼들아, 안 할려면 다 때려쳐'라고 소리치기도 했구요. 자기 관객한테 무대 위에서 욕하고 마이크 집어던진 것은 저밖에 없지 않을까요? 〈날아라 병아리〉를 부르고 있는데, 앞에서 타이밍을 못 맞추고 '오빠', '워워' 하면서 방송국에서 내는 소리를 계속 내는 거예요. 다들 조용히 듣고 있는데, 그래서 무대에서 마이크 집어 던지고, '넌 방송국으로 꺼져'라고 하면서 백스테이지에서 연출팀 불러서 '아까 소리 질렀던 애 찾아내서 환불해서 내보내라. 안 그러면 나 안 나간다'고 했죠. 그러니 사람들이 볼 때 얼마나 성격이 나빠 보였겠어요. (웃음) 그런데 솔로 할 땐 안 그런단 말이죠. 그게 특이한 건데, 팀을 하게 되면 팀의 리더로서 왈패 짓을 하지 않게 되면 팀을 보호할 수가 없으니까요."

그는 모든 구성원이 각자의 역할을 가지고 모두 발언권을 가진 민주적인 밴드를 지향했지만, '밴드에 대한 그의 통제력이 강하면 강할수록, 역할이 커지면 커질수록 사람들이 더 좋은 음악적 평가를 내리는 모순'에 직면했다.

"히스토리를 꿰고 있는 팬들은 '차라리 독재를 해. 그럴 때가 제일 나았어'라고 얘기를 하거든요. 멤버 구성원이 다 갖춰져 있지 않아서 독재를 했던 때가 있었고, 팀워크가 와해하는 바람에 혼자서 끌고 가야 하는 상황이 있었어요. 예를 들면 넥스트 2집 《The Return Of N.EX.T PART 1-The Being》 같은 경우에는 멤버 구성원들이 혼란을 일으켜서 거의 솔로 앨범이나 마찬가지로 끌고 가야 하는 시절이었구요. 4집 《Lezxenca-A Space Rock Opera》는 팀워크가 붕괴해서 저 혼자 싸워야 하는 그런 시점으로 몰렸는데, 넥스트 히스토리에서 그 앨범들이 가장 평이 좋아요. 오히려 민주적으로 가려고 했던 넥스트 3집 《THEATRE WITTGENSTEIN》이나 5집 《The Return Of N.EX.T PART 3-개한민국》 같은 경우는 평가가 좀 떨어지거든요."

　나중에 그는 체벌 반대론자가 되어 〈100분토론〉에 패널로 출연한다.

천생 '록밴드의 리더'

신해철은 한국 사회에서 굉장히 독특한 지점을 차지하고 있는 아이콘이다. 사랑 같이 개인적인 수준에 머물러 있던 가요의 가사를 삶의 문제, 정치의 문제, 인간 내면의 문제로 승화시켰을 뿐만 아니라 음악적으로도 다양한 실험을 통해 서태지와 함께 90년대를 대표하는 뮤지션으로 자리매김하고 있다.

이혜숙이 지은 《한국 대중음악사》(리즈앤북, 2003)를 보면 '대학생 그룹의 현실은 높은 이상에 반해 매우 척박했다. 상업성이 없는 대학생 록밴드에게 1980년대식 발라드와 트로트를 중심으로 구축되어 있는 가요 시장에 발 디딜 틈이 없는 것은 당연했다'는 표현이 나온다. 77년 대학가요제에서 샌드 페블즈가 〈나 어떡해〉로 대상을 받은 이후 대학가요제에서 록밴드는 구색으로 전락해 갔다. 히트곡을 내기 위해서는 발라드와 트로트를 불러야 했다. 신해철은 88년 대학가요제에서 그룹 무한궤도가 대상을 받으면서 혜성같이 등장했다. 그 후 솔로 1, 2집의 히트로 아이돌 스타로 자리 잡은 그는 사람들의 기대(?)를 저버리고 N.EX.T를 결성해서 자신이 정말 하고 싶던 록밴드를 하게 된다.

대학가요제 직후 "솔로로 데뷔하면 앨범을 내주겠다"고 하던 기획사 사람들에게 아예 "밴드가 아니면 말도 꺼내지 말라"는 말로 차단했다. 선견지명이 있던 기획사 대표는 "니가 알아서 해라. 다만 밴드가 해산하면 솔로 앨범으로 나머지 계약을 채우라"고 했고, 신해철은 밴드에서 솔로를 거쳐 다시 밴드로 돌아왔다.

그는 "신해철이란 이름으로 앨범을 내게 되면 굉장히 늘어져요, 본인이. 근데 넥스트라는 이름으로 내게 되면 졸라 긴장해요. 이거는 내 명예하고 직결되는 거니까"라고 말할 정도로 자신의 이름을 내세우기보다 밴드의 일원으로서 음악을 하고 싶어 했다. 살아생전 마지막 행보도 넥스트의 재건이었다.

신해철처럼 음악적으로 과소 평가된 사람도 드물 것이다. 그가 실험한 장르들을 보면 이렇게 다양한 장르의 음악을 어떻게 다 소화해 냈는지 혀를 내두르게 된다. 2007년 모 커뮤니티에서 '음악으로만 음반을 평가해야 한다'는 취지로 100장을 발표한 적이 있는데, 그곳의 운영자는 "신해철이 과대평가 되었다"고 말했다.

그런데 의아한 것은 그 100장에 신해철의 앨범이 2장이나 들어가 있다는 것이다. 순위가 낮다고 할지는 몰라도 한국 음악 역사상 100장에 들어간 음반 정도면 순위는 별다른 의미가 없을 것이다. 누가 선정하더라도 들어갈 넥스트의 2번째 앨범 《The Return of N.EX.T Part 1-The Being》은 물론이고, 그 앨범에 결코 뒤지지 않는 3번째 앨범 《The Return of N.EX.T Part 2. World》, 4번째 앨범 《Lazenca-A Space Rock Opera》, 솔로 2집 《Myself》, 《정글 스토리》 OST, 모노크롬 같은 주옥같은 솔로 앨범을 내놓은 그를 어떻게 과대평가 되었다고 할 수 있을까?

또 그에 대한 가장 큰 오해는 멤버 교체 때마다 '신해철의 독선 때문일 것이다', '신해철의 잘못일 것이다'라는 말들이 나오는 것이다. 그는 그런 오해를 받으면서도 한 번도 변명하지 않았고, 멤버들을 비난하지 않았다. 2007년에 방송된 〈이경규의 돌아온 몰래카메라〉 때문에 역설적으로 그에 대한 오해가 틀렸음이 밝혀졌는데, 소속사 가수들이 그에게 대들면서(?) 소속사를 나가겠다고 말하는 것이 설정이었다.

계약한 지 2달밖에 되지 않은 가수가 나가겠다고 하는데도, 넥스트의 키보디스트가 나가겠다고 하는데도 그는 "니들이 더 좋은 기회가 생겨서 나간다는데 내가 어떻게 말릴 수 있겠냐?

나가서 잘 돼야지, 나가서 여기 있을 때보다 안 되는 게 나로서는 더 안 좋은 일이다. 하지만 마지막 인간적인 예의를 갖춰라. 니들 좋은 방향으로 해줄 테니까 한 팀씩 회사로 들어와서 얘기해라"라면서 분노를 삭였다.

그에게 음악이 어떤 의미인지, 밴드가 어떤 의미인지 아는 나로서는 그 장면을 보면서 감동하였다. 그게 절대 가식이 아님을 그동안의 만남을 통해서, 그를 멀리서 지켜보면서 그게 그의 본모습임을 알고 있었지만 말이다.

대중음악평론가 강헌은 신해철에 대해 이렇게 말한 바 있다.
"서태지의 화두와는 다른 것이 신해철입니다. 제가 좀 안타깝게 생각하는 것이, 서태지라는 너무 거대한 90년대 아이콘에 신해철이라는 아젠다가 쉽게 가려졌다는 점입니다. 이인자의 어쩔 수 없는 아픔이죠. 신해철을 둘러싼 수많은 이견과 입장이 있습니다. 그런데 신해철에 대해 비판적인 의견을 가진 사람들을 볼 때 극소수의 존중받을 만한 의견을 제외하면 대단히 몰염치한 입장들이 많아요. 물론 신해철을 지지하는 입장에 오빠 부대의 열광도 있지만, 록 마니아 중에서 신해철에 대한 비판자가 많은데, 록 자체를 너무나 신성시해서 적용하면 대한민국에서 살아남을 사람 하나도 없습니다. 록의 신성화는 서구자

본주의의 발전 과정에서 전제되는 것이거든요. 그런 진화 과정을 무시하고 그것을 그냥 한국 사회에 적용하면, 제가 볼 때 그것은 논리적 모순입니다. 저는 신해철의 가장 큰 의미는 이것이라고 봅니다. 물론 신해철이 창조적인 장르의 생산자는 아니었습니다. 그럼에도 저는 서태지보다는 창조적이라고 생각해요. 그것 말고 신해철의 가장 큰 의미는 신해철이 갖고 있는 한국 대중음악사에서, 사실은 신해철이 이것 때문에 욕을 먹는 것인데, 저는 욕을 먹는 그 지점이 바로 신해철의 성과라고 봅니다"라며, 철학적 수사학을 처음으로 한국 대중음악에 실현하는 데 성공했다고 그는 말한다.

그러면서 강헌은 "60년대 미국의 밥 딜런이 오로지 'baby, I love you' 수준의 팝송 가사를 삶의 문제, 정치의 문제, 인간 내면의 문제로 승화시켰지 않습니까? 한국의 식자층에서 입을 모아 밥 딜런의 성과를 칭찬하면서 신해철의 업적에 대해서는 그렇게 대단히 가혹하게 비아냥거리는 것은 잘못이라고 봅니다. 신해철이 비아냥거림을 받는 이유는 영어가 아니라 한국말로 가사를 썼다는 것 때문일지도 모릅니다. 어쩌면 그런 적대적 비아냥거림에는 제가 볼 때 사대주의적인, 특히 지식인 그룹이 가지고 있는 본능적 사대주의 같은 것이 있다고 생각합니다. 서구의 이런 기준이 있는데, '30년이 지나서 이 정도 한 것

가지고, 이제 와서 호들갑이야, 뭘 그 정도를 가지고 그래'라고 하는 이런 것 있잖아요? 어이가 없는 얘기죠. 그런 사람들이 빨리 사라져 줘야 합니다"라고 덧붙인다.

신승렬 등이 쓴 《90년대를 빛낸 명반 50》(2006)에서는 〈The Ocean : 불멸에 관하여〉에 대해 "마치 나 자신이 바로 바다 앞에 있는 것처럼 완벽하게 바다를 형상화해 낸 음악과 철학적인 가사는 한국의 대중음악이 도달할 수 있는 가장 높은 경지에 올랐다고 해도 과언이 아니다"라고 표현하고 있다. 한국 가요의 황금기를 1980년대로 꼽는 사람들도 있지만, 신승렬 씨 등이 쓴 그 책에서는 1990년대를 진정한 황금기로 꼽고 있다. 그 책에서는 1990년대의 50대 명반 중에서 솔로 2집 《Myself》와 넥스트의 《Return of N.EX.T part 1-The Being》을 꼽았다.

강헌 씨는 1980년대 조용필로 대표되는 주류의 질서에서 아쉬웠던 점에 대해 '대중음악에 있어서 정치의식의 결여'를 꼽았다. 사실 5공화국, 6공화국 시절에 그런 걸 할 수 없었음에도 예술이란 교묘한 것이어서 어떻게든 피해 가면서 할 수 있었다는 것이다. 반면 서태지, 신해철 등의 가치에 대해서는 다음과 같이 평가했다.

"서태지라는 포스트 88세대는 그런 것으로부터 자유로울 수 있었습니다. 80년대 대중음악의 마지막 결절점이었던 사회정치적 금기를 주류의 한복판에서 성공시켰다는 것이죠. 그런 정치의식과 결합하는 데 성공했다는 점인데, 저는 그런 점만으로도 서태지, 신해철, 강산에의 가치는 앞으로도 영원히 평가받아야 할 것으로 생각합니다. 이것은 우리의 정태춘 형이 일관되게 자신의 신념을 음악으로 표출한 것과 또 다른 겁니다. 저는 정태춘의 예술 정신이 훨씬 숭고하다고 생각해요. 하지만 한편으로 이러한 숭고한 정신이 고립되지 않으려면 범대중적 지평에서 그 정도까지는 아니더라도 끊임없이 사회적이고 정치적인 냉소주의와 무의식으로부터 탈출시켜 줄 수 있는 의제를 설정해 줄 의무가 대중음악가 특히 스타들에게 있는 겁니다"

그런데 역으로 그의 그런 활동들은 그의 음악 자체를 오히려 과소평가하게 만들기도 했다. 《90년대를 빛낸 명반 50》에 보면 '개인의 정체성에 대한 고민이 담긴 철학적이고 사색적인 가사는 이후 그의 작업들에서 가사를 제외하고는 이야기할 수 없을 정도로 그의 트레이드마크가 된다'고 하면서 '때로 이러한 그의 지적인 가사들은 상대적으로 그의 음악적 성취를 가리게 만드는 원인이 되기도 한다. 그의 진보성은 가사의 매력에 뒤지지 않는 그의 사운드적 실험에서 드러난다'고 덧붙였다.

신해철을 상대적으로 과대평가된 아티스트라고 꼬집는 시각은 생각보다 많이 존재한다.

다음의 〈음악취향 Y〉라는 곳의 운영자는 어느 매체와의 인터뷰를 통해 "신해철은 시대를 읽는 논객, 청년문화의 상징으로서 의미가 충분하지만, 흔히 말하듯 서태지와 함께 90년대를 대표하는 음악인으로 보기는 힘들다"고 말했다.

'우리가 이번에 100장의 음반을 뽑은 것은 음악의 역사는 사건의 역사가 아니라 음반의 역사다. 음악을 사회적 영향력, 의미가 아니라 음악성 자체로만 판단한 사실상 첫 시도'라는 자평도 덧붙였다.

그런데 재미있는 것은 거기서도 《정글 스토리》 OST와 넥스트 2집 《The Being》을 100장 안에 꼽았다는 것이다. 순위를 말할지 모르겠지만, 한국 가요 역사상 100장을 꼽을 때 들어간다는 것 자체가 대단한 것이며, 음악을 순위로 매긴다는 것 자체가 좀 모순일 수도 있는 행위가 아닐까? 그 외에 넥스트 3집, 4집 등과 솔로 2집, 《Monocrom》 등이 걸작으로 거명되는 것을 생각하면 그가 결코 과대평가된 것은 아니라는 얘기다.

물론 신해철 스스로의 말대로 자신이 음악 인생을 거시적으로 보기 때문에 하나하나의 작업에 집중하지 못하는 면이 있어서 그럴지도 모르겠지만, 그만하면 충분한 성과를 내왔다. 그는 더 나은 음악을 실험하기 위해 음반을 만드는 데 드는 비용을 아끼지 않았고, 더 나은 음악을 하기 위해 영국과 미국을 다녀오기도 했다.

"10년 동안 음악 하면서 돈은 모으지 못했어요. 팬들이 주는 장학금으로 10년간 공부한 것으로 족해요. 돈에 별로 구애받지 않고, 욕심도 없구요. 단지 음악 행위를 해나갈 수 있을 정도의 돈이 있었으면 좋겠는데, 그런 면에서 나만큼 행복한 입장을 가진 뮤지션은 드문 것 같아요. 97년에 떠날 때도 그 공부가 가장 큰 목표가 되었던 거구요. 외국을 떠돌이로 돌아다니면서 생각이 여러 군데가 바뀌었어요. 글쎄 초심으로 돌아갔다고 해야 하나? 제가 제일 행복했을 때가 고등학교 때 애들하고 500원, 1000원씩 모아서 합주실 가서 한 시간씩 연주할 때였어요. 하지만 지금은 더 행복할 수 있는 게 나는 지금 내걸 만들고 있으니까요."

그는 어릴 적에 했던 "평생 음악을 하면서 살 수 있도록 해주신다면, 평생 내 명의로 된 집이나 개인 재산은 갖지 않겠다"는 결심을 실천했다. 집을 가지느냐, 가지지 않느냐가 크게 중요한 것은 아닐지라도 그는 그의 생각을 삶과 음악을 통해 실천하고 있는 진정한 아티스트였다.

"행복한 마음으로 기타를 손에 잡을 수 있다면 나는 행복해질 수 있을 거죠. 그러기 위해서 몇 가지 요소들을 구성해 봤어요. 제가 행복하게 음악을 하는 그것 역시 중요한 것인데, 첫째는 밴드폼이어야 해요. 저는 '솔로 가수로서 트로피를 타거나 사람들이 많이 알아보는 것만으로는 만족하지 못한다'는 거구요. 둘째는 그 밴드가 진짜 밴드로서 음악적인 아이디어가 교감되면서 제2의 가정으로 인간적인 교감을 느낄 수 있는 그런 밴드여야 하고, 세 번째는 음악을 만드는 과정에서부터 행복해야지 결과물의 성과라든가, 남들의 칭찬에 연연해서는 안 된다고 생각합니다. 과정서부터 즐거운 음악을 할 수 있어야 하고, 나 자신이 즐겁지 않은 과정에서 지나치게 스트레스를 받는 음악은 공부할 때나 하는 거지, 그것 가지고 음악 발전이 안 된다는 그런 것이거든요."

흔히 많은 사람들이 연극이나 공연이 끝나고 난 후의 공허함을 호소하곤 한다. 하지만 밴드 리더인 그는 그럴 겨를이 없다면서 다음과 같이 말했다.

"콘서트가 끝나고 난 다음에 허무나 고독을 많이 느낀다고 하던데요. 저는 콘서트 끝나고는 그런 감정을 전혀 느끼지 않아요. 저한테 콘서트는, 콘서트가 끝나고 나서 무대를 철수시키고, 밴드를 쉬게 하고, 그날 어떤 식으로 놀게 해주고, 스태프들에게 감사를 표시하고, 스태프들의 뒷자리를 어떻게 마련해주고, 그런 행정적인 처리까지 다 포함이 되는 것이기 때문에 그런 생각을 할 시간도 없습니다. 그리고 그 콘서트가 마지막이라고 생각해 본 적도 없기에 또 다음 싸움을 준비해야 하는 거죠. 그날의 분석을 그날 멤버들한테 하거나 그러지는 않아요. 실수한 건 전부 면책이고, 그날의 실수나 이런 것들은 절대 지적하지 않고 그냥 넘어가는데요. 그다음 준비를 해야 하고, 더 진화할 준비를 해야 하니까 의지를 활활 불태우지, '아, 허무해' 이러고 앉아 있지는 않습니다."

연대하고 배려하고
칭찬할 줄 아는 사람

만화가 원수연은 신해철에 대한 기억을 묻자 이렇게 답했다.
"그 당시 〈FM 음악도시〉인가…? 만화가들이 무척 많이 들었던 프로였어요. 저도 어시들이 좋아하고 저도 재미있어서 매일 듣는 방송이었고요. 신해철 씨가 워낙 만화를 좋아해서 모르는 작품이 없을 정도였다는 건 프로를 듣다 보면 알게 돼요. 당시가 90년대였으니까 저와 제 작품도 알고 있다고 느꼈었어요. 누님도 만화를 좋아했던 걸로 기억해요. 저희 화실에선 구정이나 그런 명절에도 일 한 기억이 많았기 때문에 신해철 씨가 명절 당일에 일하고 있는 사람들에게 전화해달라 해서 제 어시가 저 허락 없이 전화해서 통화 중에 빨리 끊었던 에피소드도 있었죠.

그런데 제가 정말 고마웠던 건… 97년에 청소년보호법 계도기간이 선포되기 전에 이 청소년보호법이 만화 말살 정책이라는 것을 후배들에게 어떻게 알려야 하나 고민을 하고 있었어요. 청소년보호법이 개정되면서 만화 말살 정책이 되어버렸거든요. 협회 중심으로 샘들은 알고 계셨지만, 문제는 후배들이 전혀 모르고 있었다는 거예요.

그때 떠오른 게 신해철 프로그램이었어요. 만화가들이 정말 많이 듣고 있었기 때문에 여기에서 알려주면 좋겠다, 생각해서 글을 급하게 막 써 내려갔어요. 기억은 잘 안 나지만 … 꽤 긴 글이었어요. 그걸 어시스트한테 다시 대필시켜서 방송 5분 전에 팩스로 넣었어요.

그런데 신해철이 시작 멘트도 없이 그 긴 글을 거의 다 읽어 내려갔어요. 나중에는 글씨가 잘 안 보여서, 제 어시 필체가 좀 작고 흐려서, 못 읽겠다고 했는데 제 기억으론 거의 다 읽어줬던 것 같아요. 그렇게 후배들에게 알리고 그 후에 본격적으로 청소년보호법 반대 운동을 만화계가 똘똘 뭉쳐서 시작하게 되었습니다. 그 역할이 어디까지였는지 모르겠지만 기억하는 후배들이 있는 걸 보면 엄청 큰 도움을 받았다고 생각합니다.

그 후 신해철은 대놓고 나서서 청소년보호법 반대 발언을 이어갔고 이현세 샘《천국의 신화》를 옹호하며 잘못된 정책에 대해서 맹공을 퍼부었던 걸로 기억해요.

나중에는 이현세 샘이 책 보내주고 싶다고 해서 보내줬던 걸로 기억합니다. 여러 곳에서 만화인들의 편이 되어서 발언을 해줬습니다. 너무나 안타까운 죽음이에요. 신해철 씨를 생각하면 지금도 마음 한켠이 아파옵니다. 당시 만화인들의 사랑도 많이 받았어요. 제 후배는 넥스트 앨범을 제게 선물하곤 했어요"

가수 전인권의 조카이자 〈무현, 두 도시 이야기〉의 감독인 전인환은 이런 일화를 들려준다.

"신해철 님께서 인권 삼촌 딸, 저의 사촌 동생, 결혼식에 와주셨습니다. 그때가 인권 삼촌께서 치료를 받고 다시 재기 중이시던 때였습니다. 한동안 활동이 없으셔서 힘든 시간을 보내시던 때였어요. 다른 후배 가수분들은 많이 못 뵌 것 같은데 신해철 님이 와주셨습니다. 그리고 선뜻 축가를 불러주셨어요. 축가를 부탁한 건 아닌 것 같았는데 자발적으로 불러주신 듯했습니다. 그리고 축가가 끝나고 인권 삼촌께 예를 표하시더라고요. 따님의 결혼을 축하드립니다. 록의 황제시라고. 당시에 자신감 없고 의기소침했던 인권 삼촌에게는 그보다 더한 위로와 찬사는 없었을 거라 생각합니다. 제가 기억하는 신해철은 이 강렬한 기억 하나입니다"

그는 그렇게 필요한 자리엔 조용히 나서서 자신의 역할을 했으며, 생색내지도 않았다. 자신이 절정에 있을 때도 선배들에게 예를 갖추었고, 존경심을 표시했다. 그의 찬사를 듣는 선배들의 쑥스러워하면서도 흐뭇해하던 그런 표정들이 인상에 많이 남아 있다. 방송에서 산울림에게 리스펙트를 표시하던 신해철을 김창완이 쑥스럽지만 흐뭇한 표정으로 쳐다보던 모습 같은 것.

《박노해 노동의 새벽-A Tribute to the 20th Anniversary》 작업을 준비하던 강헌이 어느 날 쓰러졌다. 그는 어쩔 수 없이 신해철에게 SOS를 쳤다. 진작에 참가 요청이 왔었는데, 이미 거절했던 사안이었다.

"왜냐하면 그때 너무 바빠서 신경을 쓸 겨를이 없었어요. 그런데 이 인간이 쓰러졌잖아요. 몸이 마비돼서 안 움직이면서도 이메일을 한 통 보냈다고 하는데, 이메일 보니까 딱 두 줄이더라구요. 손가락 두 개밖에 안 움직여서 그 두 개로 쳐서 보낸 메일인데, 나중에 형수한테 들어보니까 몸을 완전히 못 움직이는데 어떻게든 컴퓨터로 기어가서 손가락 두 개 움직여서 저한테 헬프 메일을 친 거예요. 저 그런 거에 엮이잖아요. 대타로 투입이 돼가지고 한 곡을 참가한 게 아니고, 앨범 전체 프로듀서가 된 거예요. 대타로. 아, 씨바. (웃음)

다른 한편으로 음악적인 욕심이 있었는데요. 제가 학교 다닐 때 공부는 NL(민족해방계)에서 하고, 시위는 CA(NL보다 급진적이었던 제헌의회)에서 했잖아요. 근데 CA가 어떻게 보면 훨씬 교조적인, 앞뒤 꽉 막힌 답답한 분위기였잖아요. 통기타 들고서 운동가요 부르는 건 되지만, 전기기타는 안된다는 그런 교조적인 사고방식, 대학교 2학년 될 때까지는 기타를 그만두고 음악도 때려치고, 거의 운동하는 것에만 신경 쓰고 있을 땐데요. 옛날에는 사실 나도 운동권이었다고 하지 않았습니다. 괜히 나대는 거 같아서요. 87년도에 운동권 아니었던 사람이 누가 있어요? 그런데 요즘은 조금씩 편하게 얘기하거든요. 세월도 많이 흘렀구요. 하여간 그때 운동가요들을 들을 때 너무 짜증이 나는 거예요. 노래들은 너무 좋은데, 예를 들어 〈꽃상여타고〉를 들으면 '야, 이것은 장중하게 오케스트라를 넣어서 윗도리를 화려하게 움직이지 말고, 아랫도리를 밑으로 깔아서 라흐마니노프 풍으로 만들면 되게 멋있을 텐데' 이런 생각이 드는 겁니다. 노동 현장에서 쓰이는 선전 선동 가요들이 너무 후졌다는 생각이 드는 거예요. 나치의 이념에는 물론 당연히 동조할 수 없지만, 나치의 선전 선동 예술의 퀄리티는 꼭대기까지 올라가 있었잖아요. 정치 선전 선동 장르는 제가 못 해봤잖아요. 그래서 너무 해보고 싶은 거예요. 그래서 《노동의 새벽》에 뛰어들었죠. 그 앨범은 사람들에게 많이 알려지지 않았지만, 저는 자부심을 굉장히 많이 가지고 있는 앨범이에요. 완성도 면에서. 저는 학교 다닐 때 노학연대에 관심이 있는 쪽은 아니었어요.

정서적으로도 거리가 있었구요. 어쨌거나 선전 선동 예술이라는 그 점이 매력 있었을 뿐이었으니까요. 물론 〈시대의 꿈〉 같은 경우 '전태일 열사의 여동생인 전순옥 박사의 목소리를 쓰게 하겠다' 하는 아이디어 같은 것은 제가 볼 때는 재치였는데요. 진짜로 시다를 했던 분 아닙니까? 처음에는 되게 사양을 하시다가 제가 직접 만나서 설득을 드리고 해서 하게 됐는데, 목소리가 죽이게 나왔어요. 정말 애잔한 떨림과 그 아마추어적인 목소리, 그 뒤에다가 살벌한 인더스트리얼 테크노사운드를 깔아놨는데, 공장에 기계 돌아가는 소리의 비트들, 그 위에 불안불안하게 떠돌아다니는 전순옥 씨의 목소리, 예산도 없고 시간도 없고 그래서 힘들게 작업을 했구요."

그 작업이 끝나고 신해철은 병원에 실려 갔다. 결국 돈을 벌어야 할 시점에 돈이 되지 않는 앨범 작업에 6개월 매달린 결과, 회사가 망해버렸다. 그럼에도 신해철은 죽기 전까지 강헌과 좋은 관계를 유지했다.

고양이 냄새가 맡아진다

성격이 같은 고양이는 단 한 마리도 없으며 각각의 다양성과 개성을 가진 존재로서 생활한다.

— 존 브래드쇼, 《캣 센스》 중에서

출판 칼럼니스트 한미화는 "이우일, 스노우캣 그리는 권윤주, 박찬욱, 신해철에게서 고양이 냄새가 맡아진다"고 한 적이 있다. '독립적이고, 도도하고, 똑똑하고, 혼자 놀기 좋아할 것 같은 이미지'에서 기인한 듯하다.

박찬욱 감독은 배우 이영애에 대해 "때론 아주 얇은 표면만 있는 사람 같고, 때로는 속을 전혀 알 수 없는 사람 같다. 그게 매력이다"라고 했다. 신해철 역시 거침없이 솔직하게 얘기를 하는 것을 보면 쉽게 '어떤 사람'이라고 판단할 수도 있을 것 같은데, 어떤 면에서는 10년이 지나도 모를 것 같은 그런 사람이기도 했다. 다 보여주는 것 같은데, '지금 무슨 생각을 할까?' 하고 궁금하게 만드는 사람. 어쩌면 그에 대한 많은 오해는 상당 부분 그런 데서 기인한 것은 아닌가 싶기도 하다. 2007년, 이런 얘길 많이 듣지 않냐고 물었다.

"맨날 듣는 얘기는 알고 보면 되게 편하고, 이런 전형적인 O형 성격의 공식에서 어떻게 하나도 안 벗어나는 이런 인간이 있나, 하거든요. (웃음) 전형적인 O형이고, 게으름뱅이에다가, 그 게으름뱅이가 20년 동안 앨범을 25장이나 만들었다는 건 골때리는 일이죠."

"아니 그렇게 많은 일을 해내면서 게으름뱅이라고 하다니요?"라고 반문했다.

"저로서는 음악을 하거나 책을 보거나 이게 다 놀이거든요. 놀이에 해당하지 않는 거는 웬만하면 안 하니까, 글을 쓴다든지 이런 건 저한테는 절대로 놀이가 될 수 없으니까, 노동인 거죠. 말하고 대화하는 것만큼 중요한 놀이가 없잖아요. 라디오 방송하는 것도 저한테는 놀이죠. '라디오 방송을 한다, 말을 한다는 것은 철저하게 놀이여야 한다, 철저하게 프라이빗이어야 하고, 이 일을 한다고 사람들에게 위선 떨고 이럴 일이 아니다'고 생각해서 만들었던 게 〈고스트 스테이션〉인데요. 그런 걸 사람들한테 알리기 위한 방법 중 하나가 땡땡이거든요. 하기 싫은 날은 안 해야죠. 한두 해 하는 것도 아니고. (웃음)"

위에 언급된 네 사람의 공통점은 모두 고양이를 키운다는 것이다.

입을 열 때면
뭔가를 보여주는 남자

20여 년 동안 인터뷰를 하다 보니 대한민국에서 말을 잘한다는 사람들은 많이 만나게 되었다. 김어준, 진중권, 유시민, 한홍구, 노회찬, 봉준호, 손석희, 정봉주, 강신주, 표창원, 도올 김용옥, 이동형, 김의성, 노혜경, 공지영, 정유정 등등. 그러다 보니 가끔 "니가 만난 사람 중에서 누가 제일 말을 잘해?"라는 질문을 많이 받는다. 아무래도 내가 만나는 사람들은 대체로 말을 잘하는 편이다. 이것이 보통 사용하는 의미에서의 '달변'을 의미하는 것만은 아니다. 말하는 내용에 관한 깊은 성찰 없는 껍데기 같은 얘기는 자세히 곱씹어 보면 공허하기 짝이 없기 때문이다. 박찬욱 감독이 신해철의 딴지일보 인터뷰 기사를 보고 '구라를 예술의 경지로 끌어올렸더라'는 농담 반 진담 반의 말을 할 정도로 신해철의 달변은 정평이 난 편이다. 이 점은 신해철 개인을 싫어하거나 신해철의 공적인 활동을 싫어하는 사람들 사이에서도 공통적으로 나오는 의견이다. 신해철은 말만 번지르르하게 한다거나, 정상적이지 않은 궤변을 늘어놓는다는 것이다. 그렇다면 신해철은 어떻게 그렇게 말을 잘할 수 있는 것일까?

"말하는 기술에 대해서는 끊임없이 질문을 많이 받아요. 심지어는 상담소에도 '어떻게 하면 말을 잘할 수 있어요?'라는 질문을 많이 하는데, 그것은 대화를 테크니컬한 차원으로 낮게 보는 수작이거든요. 대화는 그런 테크니컬한 차원에서는 이루어지지 않아요. 웅변은 테크니컬한 차원으로 이루어질 수 있죠. 그러나 대화는 테크닉으로 가는 게 아니라고 보거든요. 마음이 따라가지 않으면 대화가 따라가지 않아요. 그러니까 대화의 기술 중에서 제가 가장 중요시하는 것이 듣는 겁니다. 다른 사람들 말을 차근차근 듣고, 말을 끊는 일이 여간해서는 없어야 하고, 참을성 있게 인내하면서 들어야 하고, 그다음에 그 말이 마음에 안 들더라도 기분 나쁘지 않게 유도하면서 발언을 끌고 가주고, 이래야 한다고 생각하는데요. 대개 사람들은 제가 제 말만 실컷 하고, 그다음에 '에브리바디 샷더마우스' 하면서 내 말은 전부 맞는 말, 너는 전부 틀린 말이라고 할 거라고 생각합니다. (웃음) 그런데 그것은 신해철을 얕잡아 봐서 기분 나쁜 게 아니라, 이 사람들이 대화라는 걸 너무 얕잡아 보는 게 아닌가 하는 생각이 들어서 기분이 나빠요. 대화라는 건 그런 차원이 아니거든요.

두 번째 대화의 기술은 마음입니다. 그 마음에는 무엇이 포함이 되느냐면 상대방 하고 이야기를 해봐서 상대방이 이해하지 못하는 종류의 용어나 단어들을 피해 간다든가 하는 겁니다. 친구랑 얘기하고 있는데, 유학까지 갔다 온 애라서 영어를 사용하는 애면, 머리에 영어 단어가 떠오르는 대로 영어 썩어가면서 얘기해도 되지만, 상대방이 영어 못하는 사람이란 말이죠. 음악계 선밴데. 그 분한테는 영어로 된 단어들은 피해 가야죠. 이건 상대방에 대한 배려잖아요. 기왕이면 상대방이 좋아하는 소재, 상대방이 이미 알고 있는 소재, 내가 말하면 상대방이 맞받아칠 수 있는 소재, 이런 것들 위주로 대화를 해야겠죠."

사실 남의 말을 성심성의껏 듣는다는 것은 생각보다 쉬운 일이 아니다. 마음이 따라가는 대화를 나눈다는 것 역시 생각보다 쉬운 일이 아니다. 남의 말을 많이 들어야 하는 직업인 교사, 정신과 의사, 카운슬러 등이 받는 스트레스는 매우 크다고 한다. 그래서 그들은 식사도 혼자 하려는 경향을 많이 보이고, 되도록이면 혼자 있고 싶어 한다고 한다. 시쳇말로 인독이 오른다는 것이다. 정신과 치료 영역에서도 가장 중요한 것이 인내심 있게 들어주는 것이라고 하니 대화, 특히 그중에서도 듣기의 중요성은 길게 말할 필요가 없을 것이다. 오히려 지식인이라고 자처하는 사람들일수록 남들의 말을 귀담아듣지 않는다. 의사들 같은 경우 환자가 알아듣는 용어를 쓰면 권위가 손상된다고 생각하는 사람도 있는 것 같다. 물론 그게 그들에게 더 편한 언어 사용 방법일 수 있지만, 환자에 대한 배려는 없는 것으로 느껴진다.

"용어나 이런 것을 쉽게 풀어서 얘기하면 알아듣는 사람도 알아듣고, 못 알아듣는 사람도 알아듣고 그런데 왜 구태여 어렵게 얘기하겠어요? 쉽게 풀어서 얘기한다는 건 어떻게 보면 테크니컬한 거지만, 거기에는 마음이 있어야 하거든요. 왜 쉽게 풀어서 얘기해야 하느냐 하면, 대화의 목적이 상대방을 제압하고자 하는 것이 아니고, 상대방에게 잘난척하고자 함이 아니니까요. 늘 명심하고 있는 문장이 '말하는 동안에는 결코 배우지 못한다'는 겁니다. 사실은 말하는 동안에도 배웁니다. 배우는데, 내가 말하는 시간이 줄고, 남이 말하는 시간이 늘면 내가 배우는 게 더 많죠. 저는 일상생활에서는 제가 떠드는 일이 별로 없어요. 친구들과 모임을 하면 주로 구석에서 낄낄 웃으면서 듣고 있는 편이거든요. 그러니까 평상시에 일상생활 장소에서 저를 만난 사람들이 당황하나 봐요. 막 오버하면서 떠들고 갈 줄 알았는데, 계속 실실 쪼개고 듣고 있으니까요. (웃음)"

그의 이런 태도는 감옥 생활을 통해 더욱 심화한 측면이 있는 것으로 보인다.

"저는 다른 직업군에 있는 사람들과 어떤 경우에도 대화가 거의 다 통하는 편이에요. 그건 대화의 기술일 뿐이라고 생각하는데, 어떤 사람하고도 나눌 얘기가 있거든요. 그 사람하고 나눌만한 이야기가 아닌 것만 빼고, 그 사람하고 나눌 수 있을 만한 얘기 중에서 재밌는 얘기들을 해나가면 되거든요. 빨갱이로 붙잡혀 들어와 있는 형은 제가 한동안 그만두고 있었던 사회과학 공부를 저에게 시켜줬구요. 조폭들은 저에게 신체 단련과 싸우는 방법에서부터 시작해서 온갖 사회 밑바닥의 이런저런 거친 요령들에 대해서 알려줬구요. 소년수들은 꼬마 양아치들의 삶과 좌절, 그들에게도 있는 꿈이 무엇인지를 저에게 가르쳐줬고, 여호와의 증인들은 가차 없이 타협 없는 삶을 살고 있는 무리의 태도를 저에게 보여줬거든요. 저는 여호와의 증인들을 존중합니다. 뛰어난 사람들이에요. 교회를 믿으려면 그렇게 믿어야 한다고 생각합니다. 죄지을 것 다 짓고 일요일에 가서 잘못했다고 하는 게 아니라. 여호와의 증인들은 회개할 짓을 아예 안 하는 사람들이잖아요. (웃음)"

실제로 만나본 신해철은 자신에게 의견을 구하거나 자신이 발언해야 할 자리가 아니면 남의 얘기를 주로 듣는 편이다. 그런 그가 입을 열 때면 뭔가를 보여주는 남자였다.

노무현 전 대통령 비서관을 지냈고, 전 국회의원이자 현재 신한대 총장으로 있는 서갑원은 2002년 유세를 추억하며 이렇게 말했다.

"2002년 노무현 후보 신촌 유세 연설을 봤는데, 정말 대단했어. 연설 잘한다고 소문이 난 문성근 씨보다 말을 더 잘하데."

확실히 신해철은 언어의 마술사다. 한참 이야기하다가 느닷없이 "아, 난 왜 이렇게 말을 잘 정리하는 거야"라고 스스로 탄복하기도 했다. 참으로 다양한 방면에 뚜렷한 입장을 가지고 조리 있게 말을 잘하는 사람이다. 그런데 그만큼 말을 아끼기도 하는 사람이다. 달변이라는 것이 말이 많은 게 아니라 입 밖으로 꺼내기 전에 생각과 정리를 잘하는 것이라는 의미를 새삼 일깨워 주는 사람이다.

이 사람, 많이 외로운 사람일지 모르겠다

"어릴 때부터 외로움을 느낀 적이 많았지만, 군중 속의 고독을 느끼고부터는 더 심해졌죠."

그는 자신을 드러내는 것을 극도로 꺼리는 사람이다. 거침없는 그의 발언이나 독설 같은 이미지로 볼 때 그건 틀린 얘기 같다. 하지만 그는 필요할 때 필요한 수위의 발언을 하는 사람이다. 그래서 그는 다 드러내놓고 얘기하는 것 같지만, 때로는 전혀 속을 알 수 없는 사람 같다는 생각이 들 때도 있다. 그는 하고 싶은 말, 하고 싶은 일을 거침없이 다 하는 세상에서 제일 행복한 사람이라는 느낌이 들 때도 있는 반면 세상에서 제일 외로운 사람이라는 느낌이 들 때도 있었다. 그는 자기 얘기를 극도로 꺼리는 사람이다. 그러면서 자신이 진행하는 〈고스트 스테이션〉의 상담실에서는 자신의 팬을 위로(?)하기 위해 자신의 모든 치부를 드러내는 사람이었다.

'어린 시절 공손하고 예의가 바르며 느릿느릿 만사태평이고 특별히 손이 갈 필요가 없는 수줍고 조용조용한 아이'였던 신해철은 음악계라는 살벌한 전쟁터에 들어와서 '아티스트 알기를 머슴보다 못하게 여기는 PD, 아무 데서나 쌍욕을 찍찍 갈겨대는 매니저들, 가수들은 대중들 앞에서 끝 간 데 없이 공손하고 굽신거려야 한다고 믿는 대중들' 사이에서 자신의 음악과 밴드를 보호하기 위해 끊임없이 싸워야 했다. 그는 무릎팍도사에 나와서 "한국에서 연예인을 하려면 굽신거리거나 거만하거나 둘 중 하나밖에 할 수 없는데, 그 중간이 없어서 난 거만한 길을 택했다"고 말했는데, 그렇게 해서 살아남은 그에게 〈안녕, 프란체스카〉의 앙드레 대교주 역, 개그야 〈사모님〉 마지막 회에서의 회장님 역, 애니메이션 〈아치와 씨팍〉의 보자기 킹 등과 같은 개성 넘치고 독특한 역할이 그에게 맡겨졌다.

어쩌면 대마왕, 대교주 등의 별명은 그에게 어울리면서도 어울리지 않는 별명이다. 그는 사실상 힘든 사람이 부탁하는 것을 거절하지 못하며, 어떤 선배의 부탁을 외면하지 못해 돈이 되지 않는 음반의 프로듀싱을 6개월간 맡아 한 결과 자신의 회사 경영이 어려워져 문을 닫는 일을 겪기도 했다.
그는 미디어다음과의 인터뷰에서 "권위를 싫어한다고 했는데, 실제로 팬들에게는 신해철이라는 이름 자체가 절대적인 권위를 갖고 있지 않은가?"라는 질문에 다음과 같이 대답했다.

"나는 권위를 싫어하지만 그렇다고 권위를 파괴해서 없애야 할 것으로 보지는 않는다. 오히려 존경받는 권위, 자연스러운 권위는 긍정적인 것이고 바람직한 것이다. 내 캐릭터가 누리는 권력은 오락 반장의 권력이다. 수업 시간에 오락 시간 갖는데 오락 반장이 '너 나와서 노래해' 그러면 그러려니 하지 '저 새끼가 왜 저래' 하면서 길길이 날뛰는 사람 없지 않나. 권위를 좇는 것 자체가 문제이지 사실 정당한 권위는 좋은 것이다."

요즘 세상에 필요한 권위에 대한 명쾌한 정의가 아닐 수 없다.

문화기획자인 하헌기는 신해철에 대해 이렇게 추억했다.

"사회적 영역에서만 그럴지도 모르겠지만, 조금 외로운, 외로울지도 모르는 사람, 그 기억이 있습니다. 무슨 파티에 신해철 선배가 참석했는데, 잘 놀다가 사라져서 보니 혼자 구석 안 보이는 데서 계속 앉아 있더라고요. 와이프 올 때까지. 신해철을 둘러싼 이러저러한 사회적 맥락들과 미디어를 통해 오래 봐온 느낌 때문에, 그때 이 사람, 많이 외로운 사람일지 모르겠다는 생각이 들었습니다."

누구나 그런 면이 있겠지만, 나도 그의 외로운 모습을 자주 접했다. 흔히 대중들에게 알려지지 않은 그런 모습. 내가 소개

해 준 후배의 축가를 신해철이 부르기로 했었다. 다소 의외였다. 이렇게 흔쾌히. 그 후배는 결혼식 때문에 정신이 없어 대기실 같은 장소를 챙기지 못했다. 어쩌면 '이런 배려도 안 하냐?'고 화를 낼 수도 있는 상황이었다. 결혼식장에 가는 동안 전화기를 꺼놓고 있다가 켰을 때 그로부터 여러 통의 부재중 전화가 와 있었다. 부랴부랴 달려갔을 때 그는 하객들 틈에서 어쩔 줄 몰라 하고 있었다. 그래서인지 그날 그는 다소 불안정하게 노래를 불렀으나, 후배는 '세상에서 들은 가장 아름다운 노래였다'고 말했다.

옳다고 생각하는 것을 위해
작은 고집을 버리기로 했다

그는 연예인으로서 도움이 안 되는 정도가 아니라 어쩌면 치명적일 수도 있는 〈100분토론〉에 다섯 차례나 나갔다. 그의 표현대로 그것은 도움이 안 되는 선에서 그치면 좋겠지만, 한국 사회에서 연예인으로서의 생명을 자칫 끊을 수도 있는 행위였다. 게다가 그는 2002년 대통령 선거에서 노무현 후보 지지 유세 및 방송을 하기도 했다. 그것도 노무현 후보가 유리했기 때문이 아니라 불안한 상황에서 그를 지지했다.

"그동안 정치와 거리를 둬 왔지만 옳다고 생각하는 것을 위해 작은 고집을 버리기로 했다. 역사의 수레바퀴를 앞으로 돌리고 삶의 가치를 회복하게 해줄 사람은 노 후보"라는 연설을 통해 역사를 거꾸로 돌리려는 세력들에 대해 우려를 나타내고 노무현 대통령 당선에 일정한 공헌을 했다. 그전까지 연예인의 정치 참여는 본인이 정치권에 진출할 생각이 있거나, 자신이 속한 회사나 기획사의 대표가 정치권에 일정하게 관련되어 있을 때 동원되는 형태로 이루어져 왔다. 그런데 2002년 대선에서는 여러 명의 연예인이 확신범으로서 특정 정치인의 지지를 선언했고, 그들 중 대부분은 그 후 정치권과 거리를 둠으로써 자신의 순수성(?)을 입증했다. 연예인이 아니라 시민으로서 자신의 정치적 의견을 얘기하는 모범 사례를 만든 것이다.

심지어 노 대통령 당선 직후 "대통령에게 정책적으로 바랄 게 없느냐?"는 질문에 대해서도 그는 "대통령에게 제가 할 말이 뭐 있겠습니까? 알아서 하겠죠. 문화계의 바램이라든지 하는 것은 누가 정권을 잡아서 해결될 문제가 아니라 우리가 올바른 목소리를 내야 하는 것이고, 싸워서 얻어내야지 시혜물을 받아먹으려 해서는 안 된다고 생각해요"라고 대답했다. 이후 그는 파병 반대 1인 시위, 파병 반대 가수들의 집단 성명을 주도하는 등 현 정부의 정책에 반하는 정치적 의사를 표시하는 데도 적극적이었다.

국가나 공권력이 개인의 자유에 얼마나 개입할 수 있느냐는 문제와 관련해서 참여했던 〈100분토론〉의 주제들인 대마초 비범죄화, 간통죄 폐지, 체벌 반대 등의 주장은 신해철의 안티를 양산했고, 그 자신이 말하듯이 여론에 맞서서 파탄이 날 수도 있는 행위를 반복하고도 결과적으로는 살아남았다. 그랬더니 이번에는 사람들이 〈100분토론〉으로 새로운 포지셔닝이 됐다는 평가를 하기도 했다. 세상의 눈이라니.

어쩌면 대중의 사랑을 먹고 살아야 할 아티스트이자 연예인으로서 그는 왜 그렇게 민감한 활동을 마다하지 않았을까? 〈100분토론〉의 이영배 PD는 "신해철 씨는 논리가 정확하고 이해관계가 얽혀 있는 경우 하기 힘든 얘기를 스스럼없이 하는 장점이 있는 패널"이라고 칭찬했다. 그러나 그는 자신의 이해관계가 얽혀 있을 때조차 자신의 견해를 가지고 의견을 피력하는 지성인이기도 하다.

김규항은 자신의 블로그를 통해 이런 말을 한 적이 있다.

> 어떤 사람들은 한없이 사나운 얼굴로 말한다. "세상이 바뀌려면 사회구조를 바꾸어야 한다." 또 어떤 사람들은 한없이 온유한 얼굴로 말한다. "세상이 바뀌려면 내가 바뀌어야 한다." 그리고 현명한 사람들은 조용히 말한다. "세상이 바뀌려면 사회구조도 바꾸고 나도 바뀌어야 한다. 둘은 본디 하나."

신해철은 그런 식으로 "세상이 바뀌려면 사회구조도 바뀌어야 하고, 나도 바뀌어야 한다. 같이 바꿔나가자"고 끊임없이 말하고 있다. 한국의 교육 문제가 해결되지 않는 것은 제도와 함께 남들의 인식은 다 바뀌길 바라면서 자신을 바꿀 생각은 전혀 없기 때문일 것이다.

이런 관점에서 볼 때 가장 위험한 것은 민중 결정론, 대중 무오류론일 수 있다. 그는 다른 문제를 제기하면서 한편으로 대중의 책임에 대해서 끊임없이 얘기해 왔다. 대중은 최소한 연예인에게만큼은 강자로 군림하는 존재다. 그럼에도 그는 앨범 속지에 "이 앨범을 사지 않고 MP3 다운받는 씹새끼들"이라고 표현한다든지 〈무릎팍도사〉 같은 프로그램에서 공짜로 음악을 다운로드해서 듣는 사람들은 닥치라는 표현을 쓰기도 했다. "내가 지적하는 문제는 대중의 정신적인 태도다. 그들은 이미 기득권 집단이다. 자기 주머니에서 돈이 나가는 것이 싫어서 공짜로 다운받고자 하는 이익집단임에도 불구하고, 문화운동으로 호도하려고 한다"는 것이다.

그는 자신의 이런 표현에 대해 "내 논법 자체가 저의 이미지를 어떻게 하면 최상으로 올릴까를 목표로 두고 있지 않다. 내 논법은 흰색을 강조하기 위해서는 주위에 까만색을 칠하면 흰색을 더 부각할 수 있다고 생각하는 것이다. 적이 두터운 외투를 입고 있다면 예의상으로는 주먹으로 한 대 쳐야 맞는데, 외투가 너무 두껍다면 망치로 때려 버리는 거다. 욕먹더라도 망치로 때려야 주먹으로 때리는 효과가 나타난다는 거고, 그래서 적들에게(?) 많은 빌미를 제공하기도 하는 것이다"라고 말한다. 자신이 원하는 세상을 위해 자신의 이미지 실추에 신경을 쓸 겨를 없이 발언을 해왔다는 것이다. 이런 그의 태도는 극단적인 지지자와 반대자를 만들어 왔다.

물론 그는 대중에게 전적인 책임이 있다고 말하는 게 아니다. 우리나라 음악 시장에 대한 문제를 지적할 때 뮤지션의 문제, 환경의 문제, 정부의 책임 등등을 다 따져 물어야 한다는 것이다. 그럼에도 그는 "대단히 중요하지만 우리나라에서 기이할 정도로 다뤄지지 않는 것이 대중의 책임에 대한 문제이다. 대중은 전지전능자 시점에서 좋네, 나쁘네를 얘기할 뿐이다. 자기들이 주도권을 쥐고 있고, 최후의 결정권을 가지고 있는 사람들인데, 이러한 의식을 가지지 않는다"고 답답해한다. 그리고 매일 술을 마실 돈은 있어도 예술비, 문화비 지출을 자기 인생에서 맨 마지막에 놓아버린다고 개탄한다.

"대중이 거기다 쓰는 돈을 최대한으로 아껴버리면 뮤지션이 죽거든요. 우리나라에서 길거리 악사가 없는 이유를 저는 그렇게 얘기하거든요. 행정적인 이유로 길거리에서 연주를 못 하게 하는 게 아니라 길거리에서 연주를 해도 돈을 놓고 가는 사람이 없으니까 없는 거죠. 외국 같은 경우 그 룰이 묵계적으로 형성이 되어 있는 것이 '반 곡'이거든요. 거리의 악사 앞에서 노래를 들을 때 노래의 반 정도를 들으면 한 곡을 다 들은 것으로 치고, 최소한 동전을 내놓고 가야 하는 정도의 불문율이 대중들에게 형성이 되어 있습니다. 그런데 우리는 열 곡, 스무 곡을 들어도 한 푼도 안 내놓으니까 당연히 거리의 악사라는 게 존재할 수가 없죠"

그는 왜 이렇게 어려운 싸움을 벌이고 있을까? 자기 자신을 위해서만은 분명히 아닐 것이다. 그는 MP3와 관련해서 뮤지션이나 아티스트, 음악산업 입장을 대변하는 것처럼 보임으로서 기득권을 수호하려고 한다는 오해를 받기도 한다. 총대를 메서 그가 무엇을 얻을 수 있었을까?

그는 "나는 이미 MP3 사태에서, 사실은 앨범이 팔리지 않게 되는 시기, 그리고 대중음악가에게 앨범이 주 소득원에서 떨어져 나가는 시기를 보고 있었다"고 말했다. "비트겐쉬타인 앨범의 의미 중 하나가, 300만 원 들여 홈레코딩 장비를 사용해서 어느 정도 퀄리티를 올릴 수 있는지 실험한 것"이라는 거다. 그는 이미 앨범이 안 팔려도 대비할 준비가 되어 있고, 다른 뮤지션들에게도 대비하라고 말한 바 있다. 그리고 "난 다른 재주를 피워서 앨범을 내고 있다. 그렇다면 다른 재주가 없는 뮤지션들을 어떻게 할 거냐?"고 말하고 있다. 이런 식으로 아티스트의 작업과 그 아티스트를 존중하지 않고, 환갑잔치에서 가수 불러서 '어이 노래 한번 해봐'라고 하는 식의 대중들의 태도는 궁극적으로 문화계 전반을 피폐하게 만들 것이라는 말이다.

그는 스스로를 개량된 경상도, 개량된 마초라고 말한다. 아픈 애인을 지켜주기 위해 결혼을 결심했다는 언론 기사와 토크쇼에 나와서 "마누라 손에 물을 안 묻히게 한다"고 한 말 등은 카리스마를 가진 아티스트 신해철이 아니라 애처가 신해철의 새로운 모습을 보여주었다. 그는 이 점에 대해서도 "내 각오가 그렇다는 것일 뿐 집사람이 전혀 집안일을 하지 않는 것이 아니다"라고 전제하면서 이렇게 말한다.

"제가 그렇게 사는 이유는 우리 어머니나 내 누이나 내 딸이 그런 대우를 받고 살기를 원하기에 그런 거예요. 그러려면 내가 그렇게 해야 하는 거거든요. 내 딸, 내 와이프, 내 누나, 우리 엄마 이렇게 내 인생에 제일 중요한 네 명의 여자가 제가 생각할 때 정당한 대우라는 것을 받게 하기 위해서는, 우리 엄마의 남편인 우리 아버지, 우리 누나의 남편인 매형, 딸의 남편인 사위, 우리 와이프의 남편인 나, 이렇게 네 명의 남자를 잘 고르는 방법이 있어요. (웃음) 사람들은 대체로 이런 방법을 찾을 거예요. 그런데 그게 아니라 거국적으로 봐서 나부터 변하고, 다음에 온 세상이 변해야 편해지는 것 아니겠어요?"

자신이 하는 사회적인 발언에 대해 이런저런 악플을 다는 사람들에게 그는 이렇게 말한다.

"나 혼자 좋은 세상에서 잘 지내고 싶은 거였다면, 이런 멘트 안 하고 대중들 비위에 맞는 멘트나 찍찍 날리고, 자기 평소 소신과는 달리 남이 원하는 대답이나 하고, 그러다가 이민 가면 되는 거거든요. 내가 원하는 조건이 되어 있는 나라로. 내숭 떨고 계속 돈 모은 다음에 이민 가면 되는 건데, 뭐 하려고 남들한테 욕먹어 가면서 이건 이런 거고, 저건 저런 거고, 이런 얘기 뭐 하려고 하겠어요? 다 같이 잘살아 보자는 거 아냐, 기왕이면 여럿이 잘살아 보자는데."

자신이 서 있는 곳이 어딘지 아는 사람

신해철은 〈PAPER〉 황경신 편집장과의 인터뷰에서 후배들한테 자주 하는 말이라면서 이런 말을 했다고 한다.

"우리는 황혼이 지는 절벽 위에서 물구나무서기를 하고 있는 자와 같다. 그래서 당장 굴러떨어질 수 있을 정도로 항상 위험하고 위태위태하고 언제든지 깨질 수 있다. 작품 하나를 만들기 위해서 인생 전체가 파탄 날 위험도 감수해야 하는 놈들이다". 그는 그런 비정한, 아니 비장한 과정을 거쳐 살아남은 사람이다.

황경신은 그를 만난 후 이런 표현을 했다.

커트 코베인은 영웅이 되지 않으려고 목숨을 끊었고 서태지는 영웅이 버거워 떠났다. 혹자가 신해철을 영웅의 자리에 올려놓으려고, 또는 혹자가 신해철을 그 자리에서 끌어내리려고 마음대로 찬사하고 비난하는 동안 그는 '음악만 하면 되는 억세게 운 좋은 놈' 정도로 자신을 생각하고 '죽는 날까지 그렇게 사는 거지' 정도로 삶을 생각한다고 말했다.

그러면서 황경신은 신해철에 대해 이렇게 덧붙였다.

자신이 서 있는 곳이 어딘지 아는 사람, 자신이 가야 할 길이 어떤 길인지 아는 사람은 시대를 통틀어 무척 드물다. 그리고 음악으로 길을 찾고 길을 만드는 사람은 도무지 독재나 강요가 통하지 않는 음악의 아름다운 특성 때문에라도 충분히 존중받아야 한다.

《신해철의 쾌변독설》을 위한 인터뷰가 끝난 후 사람들이 내게 물었다. "신해철, 어떤 사람이야?" "아직도 잘 모르겠어. 하지만 체 게바라 같은 사람 같아". 나는 그에 대해 체 게바라와 같은 사람이라고 했다. 총을 들고 싸울 수 없는 이 시대에 그는 문화, 음악을 무기로 싸우는 혁명가이자, 전사였다. 그런데 그 말을 들은 어느 학원 원장님이 물었다. "근데 체 게바라가 누구야?", 그 말을 들은 나는 역시 혁명의 길은 멀고도 험하다는 생각이 들었다.

"저는 저 자신이 도덕적인 사람이라고 생각하지도 않고, 착한 사람이라고 생각하지도 않아요. 모든 종류의 유혹에 빠지기 쉬운 쾌락주의자입니다. 그런데 어린 시절서부터의 무사도에 대한 로망이랄까, 그런 치기 같은 것들이 저를 이루고 있는 부분 중에서 꽤나 큰 부분을 형성하고 있는 것 같아요. 어릴 때 그런 책들이나 영화나 이런 류를 보면서 제가 전쟁의 역사나 히스토리나 구체적인 어떤 전쟁의 전술론 이런 것까지 굉장히 관심 깊게 보는데요. 그중에서 저를 감동시키는 장면은 죽을 줄 뻔히 아는 싸움에 나가는 거였거든요. 예를 들면 다케다 가(武田家)가 멸망할 때 오다 노부나가하고의 전쟁에서 다케다 가의 유명한 기병대들이 시대의 변화를 감당하지 못하고 밀집 소총 대형에 의해 전멸하지 않습니까? 이미 일대가 전멸한 것을 보고 마지막에 선대로부터 이어온 가신들, 늙은이들이 칼과 칼을 맞대면서 '지옥에서 만나세' 하면서 돌격하잖아요. 지는 싸움인데 나간단 말입니다."

그는 자신의 말처럼 지는 싸움을 마다하지 않는, 아니 애써 그런 싸움에 다가가는 사람이었다. 그는 삶에 있어서 가장 영향을 준 사람으로 어머니와 체 게바라를 꼽았다.

"직접적으로 가장 영향을 많이 준 사람은 어머니겠구요. 어린 시절의 히어로로 삼았던 사람들은 체 게바라 같은 사람들이죠. 일단 자신이 부유한 출신인데도 빈자를 위해서 싸웠다는 것이 감명 깊었구요. 그리고 게바라를 존경하게 됐던 것은 쿠바 혁명이 완성된 다음에 이 사람은 일반적인 상식으로 따지면

눌러앉아서 부귀영화를 누려야 되는데, 또 소총을 잡고 정글 속으로 들어간단 말입니다. 아직도 전 세계의 모든 인민은 해방되지 않았다며. 그런 것이 우리가 쉽게 얘기하는 신념이라는 것 아니겠어요. 그리고 실존 인물은 아니지만 저에게 롤모델이 되어 줬던 것은 《천국의 열쇠》 책에 등장하는 프랜시스 치섬 신부거든요. 친구는 주교로 출세하고 승승장구하는데, 이 지지리 재주 없고 무능력한 치섬은 결국 중국 선교사로 밀려나고, 같이 지내는 수녀한테도 심각한 인간으로 경멸받아 사이가 좋지 못하고, 그래서 친구가 조언을 하죠. 저녁 식사 같은데 초대해서 얘기를 나눠본 적이 있느냐, 이 인간은 그런 것이 왜 필요하다는 것조차도 모르죠. 그리고 전쟁이 나서 마을 아이들을 살리기 위해서 뛰어갔을 때 그 수녀가 부엌에 들어가 보니까, 그 부엌에는 감자 쪼가리 몇 개와 된장만이 놓여있죠. 된장에다가 감자 쪼가리를 찍어 먹고 있으니까 누구를 저녁 식사에 초대할 리가 만무한 거죠. 거기서 청소년기에 느꼈던 것은 이 사람은 신한테다가 자기 자신을 디보트한 거지만, 저는 무언가 하나의 목적에다가 자기 자신을 도구로 삼아서 완전히 불타오르고 완전히 헌신하는 그런 삶을 살고 싶었어요. 적당히 졸업을 하고, 취직을 하고, 아이를 갖는다는 얘기는 그 당시 저에게는 수치고 모욕이었죠."

그가 버트런드 러셀을 좋아하는 이유 역시 비슷했다.

"러셀의 글이 아니라 러셀이라는 인간 자체가 저한테 주는 충격은 온 국민이 전쟁에 매달려서 총화단결을 부르짖고 있을 때 이 인간 혼자 반전을 얘기해서 학계에서 추방당하고, 교수직을 박탈당하고, 왕따를 당하지 않습니까? 도대체 거대한 적인 여론 대중 공권력 앞에서 무릎 꿇지 않는 이유가 뭐냐, 저는 그 당시 분위기상 반전을 했던 러셀이 과연 옳은 판단을 한 것이냐, 아니면 끝끝내 국민들을 통솔을 하고, 전쟁을 승리로 이끈 처칠이 더 위대한 거냐, 그 부분이 포인트가 아니라고 본 거죠. 러셀이 거기서 반전을 주장했다는 게 옳으냐 그르냐를 따지기 전에, 좀 전에도 얘기했다시피 대중, 권력, 언론, 공권력, 그리고 그 집단적 광기 앞에서 이길 수 없는 싸움인데, 두들겨 맞으면서 왜 항복하지 않았느냐, 그리고 그나마 전쟁이 끝나고 오랜 세월이 흐른 다음에 복구가 됐지만, 만일 우리나라였으면 어떻게 되었을까요? 우리나라에서 어떤 사람이 버트런드 러셀처럼 일어나서 흐름에 거스르는 얘기를 했다면, 맞아 죽거나 영구히 제기하지 못했거나 존재하지 못했을 거예요. 나중에 그 사람을 원래 자리로 돌려보내는 그 나라, 그 민족들도 대단한 사람들이라는 생각이 들거든요."

의사 친구 하나 있었더라면

불의의 의료사고가 난 후 많은 사람들이 분통을 터뜨리고 절망에 빠졌다. 같이 음악 활동을 준비하던 시나위의 신대철은 SNS에 '반드시 복수하겠다'는 글을 올리기도 했는데, 그것은 많은 사람들의 생각을 대변하는 글이기도 했다.

에세이스트 고종석은 이렇게 말했다.
"의료사고 나고 분통이 터졌지. 70년대에 노래 불렀던 사람들이나 알지, 잘 몰라. 산울림보다 뒤에 나온 사람들은 잘 몰라. 신해철의 말하는 특징이, 보통 사람들은 돌려서 얘기하는데 아주 공격적으로 '이 토론 듣는 사람들 중에서 불법 다운로드 받아서 음악 드는 사람 반성하라'고 세게 나가더라고. 보통 사람들은 그런데 나가면 겸손 떨기도 하는데. 살아있을 때는 큰 관심이 없었는데 사라지고 나니까 빈자리가 커 보이는 사람이지. 그 친구에 대해서 아는 바는 거의 없지만, 요새 가수들 중에서 〈100분토론〉 나와서 논리정연하게 공격적으로 나가는 사람이 어디 있어. SNS에서 씹힐까 봐 겁이나 내고. 자기가 옳다고 생각하는 바는 굽힘 없이 얘기하는 사람이었잖아. 우연히 만나게 되면 '당신처럼 똑똑한 사람이 왜 그렇게 허접한 사람에게 당했는지, 너무 아쉬워'라고 말할 것 같아."

《내 심장을 쏴라》《7년의 밤》《종의 기원》 등을 쓴 작가 정유정은 이렇게 답했다.

"사실 나는 김경호 노래를 좋아해, 신해철 씨는 내 취향은 아닌 것 같아. 나는 간호사 출신이잖아. 죽은 현상 자체가 안타까웠지. 의료사고인데, 막을 수도 있었을 텐데, 너무 젊어서 갔네. 내가 그 사람을 좋아하든 안 하든 음악계에 일가를 이룬 사람이고, 젊잖아. 그래서 아까운 거지. 좀 더 활동할 수가 있었을 텐데."

〈GO발뉴스〉 대표기자 이상호는 "생전에 만난 적이 없지만 팬이었다"고 말한다. 결국 자신이 좋아한 아티스트와의 첫 만남은 국과수에서 이루어졌다. 안타깝게도.

"68년생 동년배지만 존경하는 아티스트였어요. 장례식장에 갔는데, DJ DOC 창렬이가 의료사고라고 주장해서 얘기를 들어보니 의심스러웠어요. 그래서 화장하면 안 되고, 부검해야 한다고, 혹시 매니저를 만나면 전해달라고 했습니다. 발인하는 날 새벽 4시 매니저한테 전화가 왔습니다. '절대 화장하면 안 된다, 명백한 의료사고로 보인다'고 30분 정도 설득을 했던 것 같습니다. 그래서 국과수에 요청을 했던 것으로 알고 있구요. 신해철 씨 유족도 만났고, 살아생전에 존경하는 아티스트였는데, 결국은 국과수에서 만났고, 그나마 더 늦지 않게 만난 것을 다행스럽게 생각합니다."

이 시대의 대표적 고발 기자이자 탐사 기자인 이상호는 신해철에게 이렇게 말한다.
"내가 정말 너의 팬이다. 동시대에 너랑 같이 호흡해서 기뻤고 든든했다. 옛날에 노무현 전 대통령 탄핵 때 광화문에서 공연한 적이 있는데, 신해철은 어두운 골방을 빛으로 채워주는 가수였지만, 넓은 광장도 가득 채워줄 수 있는 거대한 가수였다는 것을 항상 기억하고 있다."

이데아 출판사 대표 한성근은 이렇게 안타까움을 표했다.
"최근에 이데아에서 펴낸 책 중 《의료붕괴》라는 책이 있는데 … 한 꼭지가 신해철 씨의 위밴드 수술과 관련된 내용이에요. 원고에도 언급이 되어 있지만 … 평범한 국민은 당연하고 … 신해철 씨 같은 사람도 정말로 아플 때 이야기 나눌 '의사 친구'

하나가 없었구나, 그런 의사 친구가 있었더라면 … 그런 병원에서 허망한 죽음을 맞이하지 않을 수도 있었을 텐데… 그런 생각이 들었었네요."

그에게는 언제나 '다음'이 있었다

우리가 극심한 변화의 물결 속에 있지만 그럼에도 변하지 않고 남아 있는 것이 있어요. 사람이 있고, 사람들은 음악을 듣는다는 단순한 사실. 이건 변하지 않잖아요.
― 진중권의 〈문화다방〉에 출연해, 신해철이 한 말

한때 신부를 꿈꿨을 정도로 결벽증이 있던 소년 신해철은 '음악을 할 수만 있게 해준다면 평생 섹스를 하지 않았다'는 신탁을 한다. 그 신탁은 곧 철회했지만, '자신의 이름으로 집을 가지지 않고, 평생 음악을 위해 살겠다'는 약속은 평생을 지켰다.

장르의 백화점이라는 비난을 많이 들었던(도대체 그게 왜 비난을 받아야 할 일인지는 알 수 없으나) 그는 하이텔 언더그라운드 음악 동호회에 "N.EX.T의 음악은 한마디로 정의해서 70~80년대 후반까지 감수성이 예민한 청소년들이 접할 수 있었던 여러 음악들 DISCO, HARD ROCK, HEAVY METAL, PROGRESSIVE, CLASSIC 넓게는 JAPANESE POP까지… 이런 류의 음악들을 혼합, 분배해 보고 재현해 보려는 음악입니다"라는 설명을 보내기까지 했다.

"한마디로 음악을 너무 좋아해서 장르 불사, 시간 불사, 모든 음악은 다 좋은 거라고 굳게 믿고 있던, 그리고 자신이 플레이어가 아니고 리스너로 살아갈 거라고 믿고 있던 한 소년에게 음악 권력이 떨어진 거죠. 어느 날 갑자기 하늘에서 뚝. (웃음) '이게 웬일이야, 씨발, 휘둘러봐, 레프트, 라이트 위아래 다 죽었어' 하게 된 건데, 한마디로 다시 정의하면 일주일 동안 굶주린 거지를 음악이라는 성대한 뷔페장에다가 풀어놓은 겁니다. 한식, 일식, 중식, 어떤 것도 저에게 악은 없어요. 심지어는 발라드 댄스 뮤직마저도, 저는 발라드로 첫 솔로 캐리어를 성공했는데, 좋아했으니까 한 거죠.

녹음실에 들어가서 녹음을 하고 있다는 이유만으로 해피한 거지, 이게 밴드가 아니고, 발라드를 하고 있다고 해도 'OK, 괜찮아, 나중에 하면 되잖아, 일단 지금 할 수 있는 것들을 재밌게 하자, 이것도 재밌지 않니'라고 저한테 얘기를 하는 거예요. 100% 아니 150% 동의가 되는 거니까요. 저 스스로한테. 나한테 하는 변명이 아니고, 지금 녹음을 하고 판을 내고 있는데 얼마나 행복해요. '너는 어차피 하드록 보컬은 안되니까 평생 이거 해야 할지도 몰라. 하는 김에 잘하자'고 했는데, 나중에 질러보니까 좀 돼요. '씨바, 그러면 록도 해보자' 이렇게 된 거죠.

(웃음)"

그가 음악의 권력(?)을 가지고 휘두르게 되자 어떤 이들은 열광했고, 어떤 이들은 질시하면서 공격했다.

"백화점이 콘셉트일 때는 어떻게 할 거냐구요. 너무 웃긴 건 〈째즈 카페〉가 들어 있는 앨범이 백화점 나열의 시조인데, 그 당시에는 백화점 나열이야말로 주류에 대한 도전이었다구요. 앨범 전체에 발라드를 채워야만 히트곡이 나온다는 강박이 있었구요. 그 당시의 분위기를 모르니까 그런 얘기를 함부로 하죠. 발라드 가수임에도 불구하고 빠른 노래가 하나 들어가는 이유는, 밤무대는 해야 하니까요. 그러한 이유로 앨범 구성이 짜이는 시대란 말이에요. 그런데 거기다 대고 앨범에 수록된 전곡이 하나하나 장르가 다 다른 것을 때려 넣었다는 겁니다. 그럴 경우에는 퀄리티 컨트롤이 안 되기 쉽고, 아차 하면 망하는 거잖아요. 그런데 각 분야에 대해서 여기저기 닥치는 대로 다 덤빈 게 일정한 퀄리티를 다 넘었으니까, 욕은 안 먹은 거란 말이에요. 그리고 혼성 모방이라는 것을 추구하다 보면 당연히 결과는 백화점식으로 스펙트럼이 쫙 벌어지죠. 그러면 앨범을 한두 장 낼 때 백화점식 나열을 통해 상업적으로 일시적인 재미를 보려고 한다면 모르겠는데, 한 사람이 음악 인생을 통해서 그렇게 한다면 '그게 콘셉트구나' 하고 사람들이 좀 인정을 할 줄 알아야 해요. 앨범을 스물 몇 장을 그렇게 내버리면 '아, 그게 콘셉트구나' 하는 것을 인정을 해야지, 날 보고 블루스 음반을 하나 만들라구요? 결국 이번에도 재즈 앨범이라는 것을 하나 냈구요. 모노크롬 때도 백화점 나열보다는 훨씬 더 집약적인 앨범을 내놓았지만, 결국 사람들이 기대하는 신해철은 아니었잖아요. CD에서 다음 곡이 뭐가 튀어나올지 모르는 신해철을 사람들이 기대하는 것 아닙니까?"

그래서 그에게 기대를 걸던 대중, 청중들은 그에게 기대와 압력을 가하기도 했다. 그러나 그는 그런 압력과는 다소 거리를 두는 행보를 보였다.

"사실 제가 대중들한테 받은 압력 중에서 '이런 이런 음악을 우리도 갖고 싶어'라는 부분에는 충실히 부응했지만, 그들이 저한테 맡긴 롤모델 중에서 어떤 부분은 철저히 거부했냐 하면, 아이돌 진영과 싸우라는 거였어요. 그들과 각을 세우고, 진정성에서 떨어지는 음악들을 난타하고, 구박하고, 앞장서서 싸우라는 그 오더는 철저히 거부했거든요. 그리고 오히려 꿩 구워 먹는 소리를 많이 했죠. '제가 아이돌인데요'부터 시작해서 '걔들 음악 좋던데요'라고 하기도 했구요. (웃음)"

가요계에 '립씽크 논쟁'이 있었던 적이 있다. 그때 '같은 편인 줄 알았는데' 하면서 그에게 서운해하는 사람들이 있었다. 그는 립씽크에 찬성한 것이 아니다. "립씽크가 싫다면 라이브로 노래를 하고 연주를 하는 사람들을 찾아다니고 박수를 쳐 줘야 없어지는 것이지, 립씽크하는 사람들을 욕한다고 없어지는 것이 아니다"고 했고, 아이돌 가수에 대해서도 같은 태도였다. 아이돌 진영을 욕하는 것만으로는 바뀌지 않는다며 자신이 진행하는 프로그램에서 꾸준히 인디 진영, 아티스트 진영의 노래를 소개했다. 계속 자신을 비난하던 후배가 밴드를 만들어 데뷔하자 물심양면으로 도와주기도 했고, 자신을 탐탁지 않게 여기던 후배에게 "게임 CD 좀 구해다 줘"라고 부른 후 "별걸 다 시키네" 하고 투덜대며 달려온 후배에게 슬쩍 봉투를 내밀며 "나 좀 예쁘게 봐줘"라고 하는 등등 알고 보면 미담 부자이기도 했다.

흔히 그의 독설을 네거티브라고 생각하기 쉽지만, 그는 포지티브한 방법으로 세상과 싸우는 사람이었고, 천성적으로 따뜻한 사람이었다.

"저는 저 자신이 훨씬 더 공격적이라고 생각해요. 부정적인 네거티브의 공세로 '이 음악은 안 된다. 얘네는 이래서는 안 된다'고 말하는 건 저는 수비라고 봐요. 대안을 찾아내고 뭔가 판을 바꾸기 위해서 근본적인 개혁을 해나가는 것이야말로 훨씬 적극적인 공격이라고 봐요"

그리고 세계적인 그룹인 쥬다스 프리스트의 앨범을 담당했던 엔지니어인 크리스 상그리디는 신해철의 저주받은 걸작 《Monocrom》에 참여했고, 그 앨범에 실린 〈Machine Messiah〉의 기타리프를 무단으로 사용해서 표절 시비가 일기도 했다. 외국 밴드가 국내 아티스트의 음악을 표절한 것 아니냐는 의혹은 초유의 일이었다.

그는 더 나은 음악을 실험하기 위해 음반을 만드는 데 드는 비용을 아끼지 않았고, 더 나은 음악을 하기 위해 영국과 미국을 다녀오기도 했다.

이런 신해철에게 문화혁명을 기대하는 사람들은 많았다.
《스타비평 3》(인물과 사상사, 2000)에서 문명필은 "만약 '혁명'이라는 것이 그 단어가 지니는 파괴적이고 강렬한 이미지만큼 힘을 가지고 있고 누군가 그런 '혁명'을 일으킬 수 있다면, 나는 우리 대중 음악판에 이 '혁명'이라는 단어가 절실하게 필요하다고 생각한다. 새로움에의 도전이라고는 도무지 찾을 수 없고 하나같이 똑같은 댄스 음악에 똑같은 사랑 타령으로 표절과 베끼기를 눈 하나 깜짝하지 않고 저지르며, 립싱크를 당연시하는 무늬뿐인 가수들과 그저 돈만 아는 음반 제작자들이 판치는 우리의 대중음악계를 보면 나는 적어도 우리의 대중음악만큼은 대변혁의 문화적인 혁명이 필요하다는 생각이 든다"고 말하면서 이러한 문화혁명을 현재진행형으로 열심히 펼치고 있는 대표적 음악인으로 신해철을 꼽았다.

신해철은 죽기 직전 냈던 《Reboot Myself》 앨범까지 실험을 거듭했다. 〈A.DD.A〉라는 곡에서 1인 아카펠라를 시도하면서 수천 번의 더빙을 하기도 했다. 그리고 본인의 소신이었던 경상도 방언의 랩으로의 가능성 역시 그 곡을 통해 실험했다.

> 그에게는 언제나 '다음'이 있었다. 다음을 향한 불굴의 의지, 그것이 신해철이 지닌 가장 빛나는 예지였다. 그에게는 언제나 '다음'이 있었다.
> "아직도, 새로 시도할 게 남았나 보네?"
> "그러게, 형, 있잖아. 내가 갑자기 생각나서 세보니까 앨범만 스물일곱 장이더라고. 어느덧! 완전 원로가수지. 근데 말이야. 해도 해도 할 게 남아 있더라"
>
> — 강헌 《신해철》 중에서

나가는 글

일찍이 우리에겐 신해철이 있었다

10주기 책을 마무리 지으면서 마왕과의 인연을 생각해 보았습니다. 저한테 신해철이라는 존재가 특별하게 각인되기 시작했던 것은 넥스트 3집 무렵부터였던 것 같습니다. 물론 그전에 나온 음악들도 좋아했지만, 특별하게 생각하게 된 계기라고 해야겠지요. 당시 30대 중반의 피 끓는 아마추어 칼럼니스트였던 저는 지면이 생기면 약자를 억압하는 사람들을 향해 쌍욕을 날리는 글을 쓰곤 했습니다. 그때마다 제 글에는 신해철 님의 가사가 인용되곤 했습니다. 동성동본 금혼 규정 때문에 눈물을 흘리는 커플들에게 '인간의 도리' 운운하던 유림을 비판할 때는 〈힘겨운 연인들을 위하여〉를 인용했고, 자신들의 도덕이라는 굴레로 젊은이들을 옥죄려고 하는 사람들에겐 '가끔은 미친

척하는 게 좋아'라고 〈아주 가끔은〉의 가사를 통해 제 분노를 표출하기도 했었지요.

그런 마왕을 처음 만나게 된 것은 인터넷 한겨레 〈하니리포터〉에 글을 쓰던 시절이었습니다. 거기서 같이 글을 쓰던 이민이라는 후배가 "형, 신해철 씨 인터뷰하러 가는데 같이 갈래?"라고 묻는 것이었습니다. 신해철 마니아로 소문난 저를 기억하고 해준 제안이었지요. "인터뷰? 내가 할 수 있을까?"라는 두려움을 '해철 님을 만나고 싶다'는 욕망이 압도했습니다. 그래서 〈비트겐쉬타인〉으로 복귀한 신해철 님을 뵐 수 있었지요. 그 후 학교폭력 피해 중학생을 취재하면서 본격적으로 인터뷰를 시작하게 되었지만, '아, 인터뷰라는 것이 좋아하는 사람을 만날 수 있는 좋은 방법이구나'라는 생각을 하는 계기가 되었습니다. 그 후 지금까지 25년여를 인터뷰를 하면서 보냈죠.

두 번째로 만나 뵌 것은 마왕이 노무현 대통령 지지 선언을 했던 2002년이었습니다. 인터뷰를 요청드렸고, 흔쾌히 응해주셨습니다. 그리고 노무현 대통령이 당선된 후 잡지 《인물과 사상》 인터뷰를 위해 세 번째로 만났습니다. "어떻게 지내십니까?"라는 질문에 "보시다시피 이런 매체들에서만 인터뷰 요청이 들어오네요"하고 웃으면서 말하던 것이 기억나네요.

인터뷰만을 하다 보니 가끔 저를 궁금해하는 기자들이 인터뷰를 요청해 오곤 합니다. 시사인 차형석 기자님의 요청으로 이루어진 인터뷰에서 "앞으로 누굴 인터뷰하고 싶으신가요?"라는 질문을 받고, "신해철 님과 책 한 권을 내고 싶다"고 답을 했었죠. 그로부터 2주 정도 후에 거짓말같이 해철 님이 직접 전화를 주셨습니다. 그래서 7번을 만나 인터뷰를 했고, 그 결과물이 《신해철의 쾌변독설》이었죠.

필요한 말 외에는 잘 하지 않는 성격 탓에 (신해철에 대한 고정관념을 가진 사람들은 이해하기 힘들 수도 있겠지만요) 서로에 대한 얘기는 별로 주고받지 못했는데요. 《쾌변독설》 인터뷰에 대해 어느 여성지와의 인터뷰에서 신해철 님은 "지승호 씨가 물어보면 어떤 이유가 있겠지, 하고 편하게 대답했다"고 말씀해 주신 것을 읽었습니다. 인터뷰어로서 최고의 찬사를 받은 셈이죠. 인터뷰를 하게 되면 꽤 많은 시간을 같이 보내기 때문에 정서적으로 꽤 친밀해집니다. 노력하기에 따라서 친구가 될 수도 있지만, 사실 유명인과 친구가 되긴 쉽지가 않죠. 그 유명인도 바쁠 것이고, 저도 새로운 제 인터뷰를 해나가기 바빴으니까요.

한 100번쯤 만나 같이 밥을 먹고, 술을 마셨으면 다른 사람에게 허세를 부리기 위해서라도 "나 그 사람과 친해"라고 말할 수도 있을 텐데, 실제로 그 정도를 만난 인터뷰이가 있었지만 누가 제게 "그분과 친해?"라고 물어보면 "잘 모르겠어. 그분이

나하고 친하다고 생각할지"라고 말하는 조심스러운 성격이어서요. 그런 성격은 사람들과 친해지기 어렵다는 단점이 있고, '아, 저 친구는 그런 걸로 장난치지 않아'라는 신뢰감을 주는 장점도 있죠.

그런데 해철 님과 저는 그 정도로 만난 사이는 아니지만, 그후 해철 님이 고민이 있을 경우 조언을 구하는 사람 중 한 명이 됐었던 듯합니다. 이심전심 같은 것이겠지요.

어느 날은 〈딴지일보〉에 있던 뚜벅이 윤용인이 저를 인터뷰하러 왔습니다. 질문 중에 '니가 만났던 인터뷰이 중에서 가족의 경조사가 있으면 초대하고 싶은 사람이 있냐?'는 질문을 받고 주저 없이 '신해철 님이 와줬으면 좋겠다'고 대답을 했죠. 왠지 와줄 것 같았고, 와줬으면 하는 사람이었기 때문일 것입니다. 꽤 조심스러운 성격인 저로서는 대단히 파격적인 대답을 했던 것 같아요. 제 우상이었던 사람에게 그런 부탁을 하는 저를 상상하기 힘들었거든요. 힘들 때 마음을 털어놓고 싶은 따뜻한 사람이었고, 그것을 차분히 들어주던 사람이었습니다. 현명한 사람이기도 했구요. 그런 사람이 이제 세상에 없네요.

지금 제 손에는 정재훈 교수님이 지은 《0.6의 공포, 사라지는 한국》이라는 책이 들려 있습니다. 0.6이라는 숫자는 지금의 합계출산율 0.7이 곧 0.6으로 떨어질 수도 있고, 그것은 한국의 소멸로도 이어질 수 있다는 경고겠지요. 흔히들 한국을 헬조선이라고도 합니다. 어떤 이들은 우리가 이미 선진국인데, 너무 과장된 표현 아니냐고 말하기도 하지만, 한국이 선진국이든 아니든 간에 한국 사람들 대부분의 삶이 고단한 것만은 사실일 테니까요. 그것은 합계출산율로도, OECD 국가 중 가장 높은 자살률로도 나타나는 것이겠지요.

이에 대해 김누리 교수는 그 책의 추천사를 통해 '이제 우리는 피로 사회를 균형 사회로, 경쟁 사회를 연대 사회로, 차별 사회를 평등 사회로 전환하지 않으면 안 된다'고 호소하고 있습니다.

그러고 보면 그것을 삶으로 실천했던 유명인 신해철이라는 사람이 일찍이 있었습니다. 방송이 하기 싫으면 일찍 퇴근해 버리기도 하던 그는 "더 즐겁게 일하기 위해서는 이런 일탈도 필요하다"고 말하곤 했었죠. 그리고 늘 함께 같이 잘 살아야 한다, 공동체의 이익을 생각하는 바보들이 많아져야 한다고 역설했었습니다. 그리고 누구도 차별하지 않고, 팬들을 친구로 대하는 그런 사람이었죠. 그런 당신이 세상을 떠난 지 10년이 되었네요. 사람들에게 "올해가 마왕 10주기야", 라고 말하면 대부분 "벌써? 그렇게 됐어?"라는 반응을 보이곤 합니다. 시간은 야속하게도 빨리 흐르네요.

  이젠 슬픔에만 빠져 있지 않고, 당신이 원했던 세상을 위해 뜻을 함께하는 사람들과 같이 노력해 나가야 할 것 같습니다. 다시 만날 그날까지 그곳에서 즐겁게 지내시길, 저희도 그렇게 하겠습니다.

                        10주기가 한 달 남은 2024년 9월 27일
                                        지승호 씀

마왕은 살아있다
마지막 르네상스맨 신해철

초판 1쇄 발행 2024년 10월 27일

지은이	지승호
펴낸이	윤중목
펴낸곳	(주)도서출판 목선재

책임편집	이종수, 윤홍지
디자인	위하영

등 록	제2014-000192호 (2014년 12월 26일)
주 소	서울시 중구 남대문로9길 24 패파타워 1018호 문화법인 목선재
전 화	02-2266-2296
팩 스	02-6499-2209
홈페이지	www.msj.kr

ISBN	979-11-989567-1-2 03800

* 이 책의 판권은 (주)도서출판 목선재에 있습니다.
* 본사의 허락이나 동의 없이 무단 전재 및 복제를 금합니다.
* 잘못 만들어진 책은 바꾸어 드립니다.